Mulher em Busca

Regina Dias

bapera editora
MAUAD

Direitos desta edição reservados à
MAUAD Editora Ltda.
Av. Treze de Maio, 13, Grupos 507 a 509 — Centro
CEP: 20031-007 — Rio de Janeiro — RJ
Tel.: (21) 2533.7422 — Fax: (21) 2220.4451
www.mauad.com.br

Projeto Gráfico:
Núcleo de Arte/Mauad Editora

Revisão:
Sandra Pássaro

CIP-BRASIL. CATALOGAÇÃO NA FONTE
SINDICATO NACIONAL DOS EDITORES DE LIVROS, RJ.

D534m

Dias, Regina, 1954-
Mulher em busca
/ Regina Dias. – Rio de Janeiro: Mauad, 2004

ISBN 85-7478-134-7

1. Dias, Regina, 1954-. 2. Autoconsciência. 3. Auto-realização (Psicologia).
I. Título.

04-1363 CDD – 920.72
CDU – 929DIAS, R.

Minha eterna gratidão
a todas as pessoas que me apoiaram
e incentivaram nos momentos
de dúvida e incerteza.

Índice

Introdução

A idéia de escrever minha trajetória de buscas pessoais e existenciais é fruto de dois *insights* que me ocorreram no primeiro semestre de 1999 e de uma série de acontecimentos que despertaram em mim o desejo de compartilhar com outras pessoas as descobertas que vinha fazendo.

Este livro fala de um processo de buscas que talvez tenha se iniciado com o corte do cordão umbilical, minutos após meu nascimento. Na infância e adolescência busquei afeto e atenção. Mulher, busquei construir a família que não havia tido e valores que pensei me conduziriam à felicidade. Na maturidade, descubro os erros cometidos e busco dar um novo sentido para minha vida.

Acredito que, assim como eu, muitos já se sentiram perdidos, desorientados e profundamente insatisfeitos em alguma fase de suas vidas. Assim pensando, me deixei levar a este testemunho de fé e confiança na vida, no ser humano, no potencial que temos dentro de nós e que, na maioria das vezes, não utilizamos. É o resultado de anos de buscas, questionamentos e descobertas que foram me conduzindo a você, que agora me lê. É o resultado de um desejo muito grande de poder me expressar e realizar um trabalho que, de alguma maneira, pudesse encontrar eco no outro, num ser humano como eu, que está em busca de si mesmo, de sua verdade, de seus verdadeiros valores.

Regina Dias

Capítulo 1

"Aquele que despertar para o caminho da transformação está pronto para as mil noites que a vida exige dele durante todo o tempo de sua existência."

Kaelfried Graf Durckheim

Autoconhecimento

Onde foi que tudo começou?

Saindo de manhã para o trabalho, viro-me e olho para meu apartamento recém-reformado. Não poderia ter ficado mais bonito e confortável. Foram necessários seis meses para que se transformasse num ambiente aconchegante e acolhedor como havíamos planejado. Deveria estar me sentindo feliz e orgulhosa com o resultado obtido e, no entanto, no lugar do sentimento de realização, o vazio. Naquele breve olhar, a retrospectiva de uma vida: casa, marido, dois filhos saudáveis e um bom emprego. Havia, aparentemente, realizado todos os meus sonhos e desejos. Por que, então, nada daquilo me satisfazia e ocupava o buraco que parecia se agigantar com o passar dos anos? O que estava me faltando?

Desço de elevador os quatro andares que me deixam no caminho para ganhar a rua. Vou triste e pensativa. A cabeça baixa, os ombros encolhidos, sem a altivez que tanto me é peculiar. "O que estava me faltando" é a pergunta que insiste, que não quer se calar, instigando-me, incomodando-me profundamente. Dói. Dói fundo. A ponto de não poder fingir que não estou sentindo. Que espaço importante e necessário é esse que parece continuar, apesar de todas as conquistas, vazio dentro de mim? A este pensamento minha alma, antes adormecida, se manifesta e me faz um aceno, como a querer me dizer alguma coisa. Não consigo entender. Estaria ela utilizando-se de códigos, de uma linguagem desconhecida? Penso em meu marido e em meus filhos. Por acaso não os amava? Amava-os sim. Amava-os muito. São a concretização de um sonho antigo. Um sonho de menina. E com relação à atividade profissional? Sinto-me confortável na empresa. O ambiente é bom e ganho bem. Então, o que estava me faltando? Assim pensando, ao trabalho chego. Nem mesmo o percurso é suficiente para apaziguar a tristeza advinda de meus pensamentos. O dia se vai e a noite também e, ao contrário de outros tempos, a dor permanece. Ao contrário de outros tempos também, não tomo nenhum tranqüilizante, para aliviar a angústia. Sinto que não adiantaria. Nada parece forte o suficiente para abafar a voz que não se cala, que não dá trégua e que insiste em perguntar: o que está me faltando? Tanta luta, tantas batalhas vencidas para, aos trinta e cinco anos, descobrir-me insatisfeita, com uma profunda sensação de não ter saído do lugar.

Assim, levada pela angústia de dias sem resposta, descubro que preciso de ajuda. Não para o corpo – este me parece bem; o olhar está sem viço, o prumo parece perdido, mas nada impede que continue desempenhando as atividades normais de meu dia-a-dia. Talvez um médico de almas, penso. Afinal de contas, não tinha conseguido entender aquele pequeno gesto, o aceno de dias atrás. Não conheço, infelizmente, nenhum especialista nessa função.

Vem-me à memória a experiência de uma amiga de infância. Adolescente, apaixonara-se e passara a viver em função dessa paixão. Casara-se e tivera uma menina mas, ao contrário das histórias de amor que nos tinham contado quando pequenas, não fora feliz para sempre. Sem fazer a mínima idéia do drama que vinha vivenciando, aceito seu convite para almoçar. Nesse encontro, descubro que está se separando. Num primeiro instante, não consigo acreditar. Minha doce, meiga e apaixonada amiga se divorciando.

Apesar de não termos nos afastado muito uma da outra durante o período em que esteve casada, voltamos a nos aproximar como nos velhos tempos de criança e adolescente. Com isso, tenho a oportunidade de participar de seu processo de transformação. Vejo-a, antes sempre tão insegura e submissa, reconstruir sua vida com a filha de maneira independente, sem a ajuda de terceiros. Aos poucos se torna uma mulher forte. Uma verdadeira guerreira. O que a ajudou tanto na superação dos obstáculos? O que a levou a mudar suas atitudes, a enfrentar de peito aberto as inúmeras dificuldades pelas quais a vi passar? A terapia. Começo, então, durante essa fase, a fazer-lhe inúmeras perguntas. Quero saber como funciona, o que lhe vem acrescentando, se realmente acha que está valendo a pena. Minha crescente curiosidade faz com que minha amiga, em um determinado momento, me aconselhe a buscar o mesmo caminho. Não aceito sua sugestão. Por essa época, eu me julgava uma mulher muito bem resolvida. Agora, no entanto, esta lembrança me bate em cheio. Quem sabe não teria chegado a hora de seguir seu conselho?

Não é difícil obter o nome do terapeuta e o telefone de contato. Porém, tão logo deixo a consulta marcada, um turbilhão de pensamentos desencontrados acaba com minha tranqüilidade, levando-me, na véspera do dia combinado, a desmarcar o compromisso. O alívio que sinto é um sinal evidente de que ainda não estou preparada para dar este passo. O que me apavora tanto a ponto de fugir? Mexer nas velhas estruturas. Será que valeria a pena? Bem ou mal, já havia aprendido a lidar com meu contexto de vida. Para que mexer? Agora, que contava ainda com os créditos da experiência, certamente tudo se resolveria.

> *"Para que ousar, pra que mudar mesmo que se esteja insatisfeito? Amanhã a gente se acostuma de novo e tudo continua como antes, sem maiores riscos."*
>
> Lya Luft – Histórias do tempo – Editora Mandarim – p. 163

Iludida pela lógica que sempre me havia sustentado, reprimo o primeiro gesto em busca de mim mesma. O que me apavorou tanto? Provavelmente, o preconceito em relação a terapias de um modo geral e o medo do que poderia vir a descobrir. Dois anos depois, num nível crescente de insatisfação, entrego os pontos e marco um novo encontro.

A exemplo da primeira vez, sou dominada por divagações as mais diversas. A diferença é que agora estou decidida a não voltar atrás. Assim, consulta marcada, me vejo à frente de uma velha casa, de dois andares, em Copacabana. Hesito um pouco antes de tocar a campainha, talvez pressentindo que iniciava ali um caminho sem volta: o caminho do autoconhecimento.

Minha primeira impressão é positiva. Apesar das paredes cinzas, sinto-me acolhida pelo ambiente amplo e agradável. Enquanto aguardo ser atendida, sou tomada por estranha sensação, uma mistura de excitação e medo. Como seria Alberto, meu futuro terapeuta? Como me receberia? Será que havia feito a opção correta? Não precisei esperar muito tempo para obter algumas respostas.

Um homem magro, grisalho, de seus cinqüenta e poucos anos caminha em minha direção. Com ar despojado e um sorriso franco nos lábios, me aperta a mão. Sinto firmeza. Aliás, o aperto de mão é o primeiro referencial que utilizo para avaliar a personalidade e a hombridade de um homem. Gosto da mão forte, inteira, que não foge e se faz presente de maneira calorosa. Ao contrário daquela que se esquiva, parecendo temer qualquer tipo de aproximação. Após as apresentações iniciais, Alberto faz um gesto convidando-me a segui-lo. Em sua bem decorada sala, me sento em uma das inúmeras almofadas que se encontram espalhadas pelo chão, enquanto ele se posiciona, aparentemente confortável, em uma poltrona de couro marrom.

Frente a frente um com o outro, vejo surgir o primeiro embaraço. Não sei por onde começar. Como seria o comportamento da maioria das pessoas em sua primeira consulta terapêutica? Sairiam falando, sem nenhum tipo de inibição? Certas e seguras do motivo que as tinha levado até ali? Ou se deixariam intimidar pela presença de um estranho? Como saber? Sempre havia me expressado com relativa facilidade. Agora, porém, me sinto paralisada, sem saber o que dizer, com dificuldade para falar. O que realmente me levara a buscar ajuda? Qual era meu verdadeiro problema, a questão que me preocupava? Ah!, Sim!, vem-me a salvação, a lembrança daquela dor, do aceno que não conseguira decifrar. Entre a primeira consulta desmarcada e o momento presente, conseguira identificar, nomear o que pensava ser meu grande problema: a insatisfação. Minha mãe sempre havia se referido a mim como uma eterna insatisfeita. Certamente essa era a questão. Desde criança sempre trouxera comigo o anseio por alguma coisa mais que não sabia definir. Perseguia objetivos e alcançava-os. Aparentemente era uma vencedora. Pelo menos uma parte de mim nisso acreditava. No entanto, existia uma outra que parecia nunca se dar por satisfeita. O que, de fato, estava me faltando?

Apesar da dificuldade inicial, consigo me colocar. No entanto, isso parece não satisfazer Alberto, que continua me fitando em silêncio, esperando que continue. Olho, disfarçadamente, para o relógio. Ainda me sobra um bom tempo. Esta constatação desperta em mim um princípio de pânico. O que mais dizer? Por esses tempos achava-me tão perdida de mim mesma que só conseguira identificar o sentimento de insatisfação e nada mais. Absolutamente nada mais. Chego a me lamentar por ter marcado a consulta. Mas agora é tarde para esse tipo de arrependimento. O silêncio começa a se tornar pesado e minha mente prática não deixa de pensar no preço da consulta, no tempo que demorei a buscar ajuda e no quanto vinha me sentindo frustrada nos últimos anos. Ao sair de minha abstração momentânea, levanto os olhos e fito Alberto que, pacientemente, aguarda que continue me pronunciando. Não me resta, então, outra alternativa a não ser a de colocar um problema real que enfrento: a retinose pigmentar bilateral, uma doença degenerativa da retina.

Logo após o nascimento de meu primeiro filho, vejome esbarrando em pessoas e objetos. Um dia, ao voltar da creche com ele no colo, não enxergo um buraco no meio da rua e caio. O sinal está fechado e consigo me levantar rapidamente, com apenas algumas escoriações no joelho e em uma das mãos. Aperto Marcelo de encontro ao peito, reconfortada por não ter se machucado. Envergonhada com a queda, sigo mancando para casa. O que teria acontecido comigo para cair assim, sem mais nem menos? Como não vi o buraco que, de pequeno, nada tinha? A sensação de perigo e a imaginação do que poderia ter acontecido em outras circunstâncias me levam a procurar um médico. O primeiro deles é um oftalmologista, que nada constata. Chego a ir também a um clínico-geral e a um neurologista. Nada! Aos 27 anos, em plena forma física, cheia de energia e entusiasmo pela vida, decido seguir em frente, sem dar maior atenção ao que havia ocorrido, na certeza de que, com o tempo, tudo se resolveria. Mas, infelizmente, não é isso o que acontece. Três anos depois, quase ao final de minha segunda gravidez, descubro ter perdido noventa por cento de meu campo visual. Saio do consultório perplexa. No caminho para casa, busco digerir o impacto da descoberta, o soco na boca do estômago que parecia ter levado.

Nesse ponto, faço uma pequena pausa em minha fala. Na verdade, ao tocar nesse assunto, não pretendia discorrer, a fundo, sobre o quanto a descoberta da retinose me abalara e influenciara a partir de então. Além do mais, dois outros fatores são preponderantes para que não queira me estender muito mais sobre essa doença e suas conseqüências. O primeiro deles é que, apesar de grave, tenho consciência de que não é a deficiência visual meu problema maior e nem a razão que me havia levado a buscar ajuda terapêutica. O segundo, o fato de ter me submetido, no início desse mesmo ano, a uma cirurgia em Cuba. Realizada em caráter experimental, propunha-se a deter o processo degenerativo, dando-me chances de não vir a perder os dez por cento de visão que ainda me restavam.

Alberto continua ouvindo atentamente e, em seguida, me faz algumas perguntas. Não me lembro das respostas que lhe forneci, mas, provavelmente, uma delas o levou a manifestar-se. Lentamente, abre os dois primeiros botões de sua camisa e me mostra uma grande cicatriz que traz no peito. Há alguns anos, numa fase em que pensava gozar de perfeita saúde, fora vítima de um aneurisma na aorta. Se não tivesse sido socorrido prontamente por um médico presente no local, certamente teria morrido. Por alguma razão, não havia chegado sua hora. Mas até quando suas artérias ainda o manteriam vivo? Sua pergunta fica no ar, como a querer dizer que não sou a única pessoa no mundo a conviver com um problema sério de saúde.

As palavras de Alberto, sua maneira de se colocar, a cicatriz que agora se esconde por trás do leve tecido de sua blusa, tocam-me. Sinto-me confortada. Não só pelas palavras, mas também porque alguma coisa mais, que não consigo identificar, fala a meu coração. O que teria sido? Talvez sua postura. Um homem que havia escapado da morte e que estava ali, à minha frente, pronto para me ajudar, incentivando-me a viver, com mais plenitude e sabedoria, a vida, o momento presente. Sinto ainda um grande alívio por ter colocado um assunto sobre o qual não me agrada falar, que me faz entrar em contato com um sentimento que, até então, nunca havia experimentado: a impotência diante de certos acontecimentos da vida.

Ao me despedir de Alberto, pressinto que teria um longo caminho pela frente caso me decidisse, de fato, pela terapia. Talvez esse fosse o "x" da questão, uma das razões para tanta resistência de minha parte. Gostaria que alguma coisa me provasse ser válido o investimento de tempo e dinheiro a ser feito. A falta de concretude, a impossibilidade de visualizar um resultado a curto prazo me incomoda. Além disso, temo as mudanças que poderiam advir. Ainda não tenho a mínima noção do que possa ser, mas sinto medo. Por outro lado, havia gostado de Alberto. Desistiria agora, quando mal tinha começado? Tanta dificuldade para chegar à primeira consulta, para vencer o preconceito e a resistência em reconhecer que precisava de ajuda, por nada? Será que não valeria a pena dar um voto de confiança e apostar? Nem que fosse por um determinado período de tempo?

Com a primeira consulta terapêutica adquiro o hábito de me questionar e de buscar o sentido oculto por trás de algumas de minhas atitudes. O questionamento passa a fazer parte de minha vida, levando-me a entrar em contato com o verdadeiro e maravilhoso caminho da transformação. Inicio, assim, o que julgo ter sido o mais importante investimento de minha vida.

A busca pela Análise Transacional (AT) foi, com disse anteriormente, em função das mudanças que verifiquei no comportamento de uma amiga. Na época, não me interessei pelos preceitos dessa teoria da personalidade desenvolvida pelo Dr. Eric Berne no final da década de 1950, que tinha por finalidade o estudo, a análise, as trocas de estímulos e as respostas (transações) entre os indivíduos. Não me preocupei com a teoria a respeito da AT, ou de qualquer outro tipo de terapia. O que queria era saber se esse mecanismo poderia vir a fazer por mim o mesmo que havia feito por minha amiga. A interação com Alberto foi imediata. Sua maneira de trabalhar me deixava à vontade. Só muito mais tarde é que fui saber que não era por acaso. Berne dizia que "se um observador entra num grupo de terapia transacional talvez leve algum tempo para distinguir quem seja o terapeuta já que ele não se veste de maneira diferente, age de modo natural e usa o mesmo idioma que os integrantes". Porém, apesar de toda a informalidade do processo, algumas sessões depois, descubro-me pouco confortável na terapia individual. A determinação e o compromisso com a mudança são grandes, mas a impressão que tenho é a de que não estou conseguindo sair do lugar. Tudo me parece confuso, um emaranhado de sentimentos e emoções, com os quais ainda não sei lidar. Alberto faz a sua parte. Busca amenizar, tanto quanto é possível, as lacunas, a falta de material que trago para os nossos encontros. Mas o fato é que, meses depois, perco um pouco da motivação inicial. A salvação vem em forma de um outro tipo de terapia: a Biodanza.

O Sistema Biodanza foi criado pelo antropólogo e pesquisador chileno Rolando Toro e desenvolvido no Brasil, a partir da década de 1970, por Alberto Tavares, meu terapeuta. A Biodanza é um sistema de integração e de desenvolvimento de potenciais humanos, mediante a dança, a música e situações de encontro em grupo, estimulando o desenvolvimento de potenciais inatos. É, segundo definição do próprio Rolando Toro, uma poética de encontro humano, que permite a expressão da identidade e o prazer de viver. Se nossa cultura optou por valores que conduzem à destrutividade e à morte, a Biodanza propõe uma cultura para a vida, uma nova visão do mundo e da existência.

Quando Alberto, em uma das sessões de terapia, sugere que participe, minha primeira reação é negativa. Não quero e não me vejo, em hipótese nenhuma, desenvolvendo um trabalho que me exponha diante de um grupo desconhecido de pessoas. Dança terapêutica, nem pensar. Mas, quando o convite me é feito, decido aceitá-lo. A rejeição inicial desaparece ao constatar que estou com medo. Medo do desconhecido. O sentimento é real. Não tenho como negá-lo. Porém, há algum tempo vinha me propondo a não deixar que o medo me impedisse de continuar avançando em meu processo de buscas. Então, por que não?, é a pergunta que me faço.

Mais uma vez, o novo vem me desafiar.

Como definir esse universo? O simples ato de verbalizar, de tentar traduzir em palavras a magia de um espaço onde homens e mulheres realizam um trabalho rico em trocas, tira todo o encanto desse ambiente regido, com maestria, por Alberto: a troca de afeto, livre de qualquer tipo de preconceito relacionado a origem, cor, posição social e tipo físico; a troca pela troca, como deveria ser em todas as relações humanas, levando em consideração o respeito pelo outro.

As aulas de Biodanza revolucionam minha vida, em todos os sentidos, num espaço muito curto de tempo. No início, me sinto deslocada, um peixe fora d'água. Aos poucos, porém, começo a perceber o quanto esse espaço me é importante e necessário. O quanto mexe comigo, com minhas estruturas de valor, com meus conceitos e atitudes. De imediato, constato a postura rígida e distante que me é tão peculiar, a dificuldade que sinto em me relacionar.

Depois, me descubro com uma gama enorme de preconceitos que não pensava possuir. Eles vêm à tona assim que passo a freqüentar as aulas e a me relacionar com as pessoas do grupo. As descobertas advindas das vivências propostas por Alberto se tornam únicas, especiais e me levam a vislumbrar uma realidade bastante diferente daquela com a qual estava acostumada a conviver no campo pessoal e no profissional.

Durante um curto período de tempo as aulas de Biodanza servem de tempero para as sessões individuais de terapia. Em função delas passo a ter um material novo e rico a ser trabalhado com Alberto. Servem também para me despertar a vontade de trocar a terapia individual pela terapia em grupo. O medo em me expor já não é mais tão grande. Colocar, para estranhos, meus problemas pessoais – quando poderia imaginar que partiria de mim esta iniciativa?

Apesar da inibição inicial, encontro no grupo terapêutico uma profunda identificação. Descubro que, assim como eu, tantos outros vivenciaram no passado, mais precisamente na infância, situações difíceis e marcantes. Isto me dá a maravilhosa sensação de não estar mais sozinha, de cumplicidade, de fazer parte de um contexto em que todos falam a mesma língua. Esse espaço me possibilita ainda, entre outras coisas, a oportunidade de me perceber através do outro. A maneira como Alberto conduz as sessões, suas colocações, as perguntas que faz e as respostas que obtém me esclarecem, me alimentam e me ajudam no processo de auto-análise.

Inicio, assim, meu movimento de crescimento pessoal. O *feedback* do grupo de terapia e a convivência com as colegas de trabalho se revelam uma fonte preciosa. Questiono, faço perguntas em busca de informação, mais precisamente, em busca de mim mesma. Quero saber como sou percebida pelos outros, como me vêem, meus pontos fortes e meus pontos fracos. Por diversas vezes, nessa fase, me coloquei na mão de pessoas que não gostavam verdadeiramente de mim, que se sentiam incomodadas com meu jeito de ser. Na ânsia por me descobrir, perguntei (meus pontos fracos?) a quem esperava apenas uma oportunidade para me ferir. Porém, foi importante e necessário processar tudo de bom e de ruim que ouvi nesse período.

Minha vontade de mudar é tão intensa que quase não me sobra espaço para outra coisa a não ser questionar-me sobre tudo e sobre todos. O que fazer, como agir, qual a melhor maneira de me conduzir? Chego a ficar chata. A terapia se torna meu único alimento. Não existe nada mais preciso para definir o que se passou comigo, por esses tempos, do que aquele velho e conhecido ditado popular que diz: "Quem nunca comeu melado, quando come se lambuza." Meu deslumbramento é total. Sinto-me revigorada por uma energia nova, pela alegria de começar a me perceber. No início, essa percepção acontece ainda de maneira distorcida, resultado do olhar alheio, daqueles que convivem comigo no grupo e no ambiente de trabalho. Mas, aos poucos, consigo me enxergar de modo mais claro.

Em termos pessoais, julgo ter encontrado um tesouro de valor inestimável. Não tem preço o universo que se abre à minha frente. Agradeço a Deus por Alberto ser meu terapeuta, pela oportunidade de convivência com o grupo terapêutico. Por outro lado, é uma fase de muitas brigas, discussões e profundos questionamentos. Sinto-me dividida. Ao mesmo tempo em que almejo alçar vôos cada vez mais altos na busca de mim mesma, descubro-me prisioneira de um contexto familiar opressor do qual antes não me dava conta. Não é fácil a busca do autoconhecimento e a proposta de mudar quando, à minha volta, não encontro incentivo para prosseguir, muito ao contrário. Em casa, preciso enfrentar, desde o início, a resistência de meu marido, que me julga fraca por ter ido buscar ajuda. Uma pessoa incapaz de resolver sozinha seus próprios problemas. Quantas vezes precisei ouvir e processar esse tipo de comentário? Estaria ele com razão, questionava-me em tantos momentos? Teria me tornado uma pessoa dependente, incapaz de caminhar com as próprias pernas? As dúvidas são muitas. Mas, alguma coisa que vem de dentro de mim me diz que preciso prosseguir. Que voz era aquela que me impulsionava, que me fazia avançar sempre, a despeito de todas as dificuldades?

Os resultados começam a surgir na medida em que descubro como pequenas mudanças de atitude promovem uma reação em cadeia, desarmando situações com as quais tempos atrás não sabia lidar. Passo a acreditar mais em mim, a ver as coisas de uma outra maneira. Ninguém melhor do que meu marido para perceber essas mínimas, porém significativas, alterações de comportamento. Daí sua insegurança, a tentativa de me fazer desistir. As dificuldades iniciais se tornam ainda maiores quando decido fazer parte do grupo de Biodanza. Ele não está acostumado com uma mulher que começa a ganhar vida própria, que não se limita mais a sair de casa para o trabalho e vice-versa. Passa a me questionar sobre o que é a Biodanza. Pelo nome, imagina que seja algo relacionado a música e dança. Quantas pessoas são? Ambos os sexos? Não há muito que falar. Seu modo de ver as coisas é diferente e, por mais boa vontade que tivesse em lhe explicar, não entenderia. Só serviria para me complicar. A temperatura doméstica aumenta. Nenhum dos dois está disposto a ceder. Ele, acostumado a ser obedecido. Eu, começando a sentir a força de ter luz própria, depois de anos na sombra.

Minha vontade real é a de poder participar semanalmente das aulas e também sair com o grupo para o Biochopp (chope após a Biodanza), sem nenhuma espécie de cobrança, sem maiores problemas. Mas como fazê-lo sem provocar um atrito ainda maior em casa? Penso em meu marido e em meus filhos. Sem falar nas poucas horas de sono que teria antes de ir trabalhar no dia seguinte. A solução que encontro é a de comparecer somente duas vezes por mês. Essa decisão, contudo, não é suficiente para impedir que as brigas continuem num crescendo, deixando-me tensa e angustiada. Em um determinado momento, sem argumentos adicionais para usar visando me fazer desistir, meu marido decide me dar um ultimato: a continuidade de nosso casamento ou a Biodanza.

Apesar de todas as diferenças que sempre existiram entre nós dois, não penso em me separar. Não posso aceitar a idéia de que para avançar precise abrir mão de conquistas tão importantes para mim. Preocupo-me também com os meninos, ainda pequenos. Como evitar que ouçam nossas constantes discussões? Sei que para eles não é nada saudável escutar os pais brigando. Mas o que fazer se sinto, no mais íntimo de meu ser, que não posso parar, que me é vital prosseguir? Por outro lado, como evitar as brigas e manter a paz doméstica sem abrir mão de meu compromisso com a mudança? Nessa mesma fase um outro processo vinha se desenrolando em meu núcleo familiar. Muitas vezes, anos depois, me questionei o que poderia ter feito de diferente para evitar que a vida me apresentasse uma fatura tão alta mais à frente. Provavelmente nada.

Um confronto se estabelece dentro de mim e, em determinado momento, sinto que preciso tomar uma decisão. Opto por dar continuidade a meu processo de transformação. Decido não deixar que nada nem ninguém me impeça de mudar. Em uma conversa franca com meu marido, expresso meu desejo de permanecer casada com ele. Ao mesmo tempo, manifesto-lhe que não pretendo deixar a terapia e a Biodanza. Felizmente, meu casamento não se desfaz e continuo freqüentando a clínica de Alberto. Uma batalha vencida, o que me deixa muito feliz.

Com o tempo, torno-me capaz de poder olhar para trás e perdoar. As mágoas advindas da infância e a carência afetiva vão deixando de existir. Sinto-me mais segura e confiante. Nada, porém, se compara ao maior de todos os meus ganhos: a auto-estima. Aos poucos vou perdendo a mania de ficar me comparando aos outros. Quem já foi assim ou ainda o é pode dimensionar o quanto isto me fez sofrer e o quanto me jogou para baixo. Quantos e quantos anos passei me sentindo inferior? Sempre era a menos inteligente, a menos prendada, a menos bonita. Não acreditava em mim, em meu potencial, apesar de todas as conquistas. Nada era suficiente para me dar a real dimensão de meu valor. Hoje reconheço o quanto a auto-estima é importante na herança que um pai pode legar a seu filho. Talvez esse seja o bem maior.

Com a terapia começo a me enxergar de maneira diferente, aceitando meu passado e minha história de vida. Com relação aos outros, aprendo a não julgar. O universo de meu grupo terapêutico é pequeno, mas bastante representativo para que passe a entender e aceitar mais as pessoas.

Durante sete anos mergulho fundo na busca do autoconhecimento. Participo de palestras, workshops, biodanza e minotauros (vivências terapêuticas nos finais de semana). Tudo soma, acrescenta para que me transforme. Minha postura na vida vai mudando, meus valores também, num processo contínuo de crescimento pessoal que me deixa profundamente feliz com as conquistas realizadas. Passo a adquirir alegria, prazer e satisfação em muitas áreas de minha vida. Mudando, descubro, mudo também o mundo à minha volta.

Capítulo 2

"A verdadeira felicidade está em se desenvolver a espiritualidade."

Jean-François Revel e Matthieu Ricard

A Descoberta da Espiritualidade

Meu processo de mudança se torna ainda mais significativo com a descoberta da espiritualidade.

Um dia, ao retornar das férias, ganho de minhas colegas de trabalho um livro. Um romance que fala sobre espíritos, vida após a morte e reencarnação. O interesse que esta leitura desperta é tão grande que me leva a uma busca por maior conhecimento. Nesta busca, encontro Deus.

Antes de terminar o livro, sinto necessidade de falar com uma amiga espírita. Em nossa conversa, fico sabendo que poderia participar de reuniões públicas durante a semana e nos sábados à noite, em um centro kardecista perto de minha casa. Levada pela curiosidade, decido comparecer no primeiro fim de semana após ter obtido a informação. No caminho, a exemplo da primeira consulta terapêutica, sou invadida por medos, preconceitos e questionamentos. O que estaria indo buscar num contexto completamente desconhecido, pelo qual nunca antes havia manifestado o menor interesse? O que estaria me movendo? São perguntas que me faço, objetivando entender a razão deste súbito interesse. Assim é que me vejo chegando a um ambiente de paredes brancas, salas limpas, bem arejadas e bem iluminadas. Olho desconfiada à minha volta, como se estivesse esperando encontrar algum vestígio, alguma coisa que me falasse de espíritos, de almas de outros mundos. Como nada constato de estranho, decido por me sentar em uma das cadeiras colocadas em fileiras. Uma música suave se faz ouvir envolvendo as pessoas presentes e as que, aos poucos, vão chegando. À minha frente, uma mesa com três cadeiras e microfones. Ponho-me a rezar. Depois de alguns minutos, mais relaxada, predisponho-me a ouvir a palestra que teria início logo em seguida. Enquanto isso, começo a divagar. Centro Espírita. Quando poderia ter me imaginado freqüentando um? Certamente, nunca.

Tudo parece correr normalmente até o momento do passe: a introdução dos trabalhos da noite, uma pessoa comentando uma passagem do *Livro dos Espíritos*, psicografado por Francisco Cândido Xavier, a palestra em si, uma prece proferida pelo mesário. De repente, porém, minha ignorância sobre o assunto vem, uma vez mais, à tona. É solicitado aos médiuns, que se encontram sentados nas extremidades, que se levantem enquanto as luzes se apagam. Meu sentimento é de pânico. O que seria aquilo? E se alguém me tocasse? Se ouvisse vozes? Minha vontade é de fugir. Mas não o faço. Na verdade, só consigo relaxar quando todas as luzes estão acesas novamente. Na saída, um copo com água fluidificada me aguarda. *Uma espécie de água benta que se bebe*, penso eu, com total desconhecimento de toda a simbologia desse espaço. Apesar do medo e da inquietação inicial, sinto-me muitíssimo bem no retorno para casa e durante todo aquele fim de semana. No sábado seguinte lá estou eu de novo, sem saber o que me levava de volta ao mesmo local. Agora, não mais com tanto medo.

Outros sábados vieram e, com eles, vi nascer dentro de mim algo novo e inexplicável: uma sensação de paz e de felicidade por ter chegado a um lugar que há muito parecia vir buscando. Porém, o que mais me calou foi encontrar respostas para questionamentos antigos.

Anos atrás, um comentário em sala de aula deixara uma dúvida plantada em meu coração. Será que Deus realmente existia? Se fosse justo como se dizia, como se explicariam tantas injustiças no mundo? Celina, uma professora a quem muito admirava pela postura ética e inteligência, havia me deixado, além do aprendizado da língua inglesa, o legado da dúvida. Nunca tinha parado, até então, para pensar em Deus sob esse aspecto. A realidade à minha volta, no entanto, parecia confirmar as palavras de Celina. Apesar das evidências, algo ou alguma coisa me leva a não aceitar a colocação de minha querida mestra e a buscar uma justificativa para sua fala. Provavelmente a doença de seu marido, que vinha lutando contra um câncer em fase terminal, a deixara revoltada, cética a respeito do criador de tudo e de todos. Assim, é com enorme alívio que encontro nas palestras o entendimento que tanta falta vinha me fazendo. O que ouço me pacifica. Passa pelo crivo de minha racionalidade e de minha consciência. Talvez daí a imediata identificação.

Passo a acreditar na vida após a morte e na reencarnação. Adquiro nas palestras a percepção de que, muito mais que um corpo, sou um espírito. Com essa compreensão começo a descobrir a origem de minha insatisfação. Até então, havia me preocupado apenas em satisfazer as necessidades físicas. Nunca havia parado para pensar na possibilidade de possuir uma alma. Certamente que já ouvira falar sobre ela no passado, mas não lhe dera a devida atenção. Agora, no entanto, começo a perceber onde havia falhado.

Apesar de não ter me descoberto com nenhum grau especial de mediunidade e nem ter sentido vontade de participar dos trabalhos e estudos realizados na casa espírita, não consigo mais me afastar desse ambiente. Quando, por alguma razão, não posso comparecer, aguardo ansiosa pelo próximo fim de semana. É nesse espaço que busco ajuda para minhas dificuldades, meus anseios e meus questionamentos. Nos primeiros minutos, enquanto aguardo o início das palestras, me deixo envolver pelo ambiente e adquiro o hábito de conversar com os espíritos. Apesar de não vê-los, sinto, no mais íntimo de meu ser, que estão presentes. Converso com eles e peço que me tragam a luz, a compreensão e a força necessária para enfrentar meus desafios e limitações. Aos poucos, as respostas começam a surgir de maneira inusitada. Agora, não são fruto apenas da razão. Elas vêm de dentro de mim, de minha alma, de meu coração. E, na medida em que passo a aceitar essas sinalizações, minha vida começa a mudar significativamente.

Preciso confessar aqui, pois julgo que ainda não o fiz, que nunca deixei de acreditar em Deus. Mesmo quando dele me afastei, levada pelo desconforto com relação às religiões de uma maneira geral, nunca fui longe o suficiente para perdê-lo de vista.

Batizada na Igreja Católica Apostólica Romana, sempre acompanhei minha mãe às missas dominicais, quando criança. Quando me tornei adulta, afastei-me da Igreja. Não sei exatamente o que me levou a fazê-lo. Não estudei a fundo a religião cristã e nem fui em busca de maiores informações. Porém, os poucos conceitos que adquiri até a adolescência se transformaram, com o passar dos anos, em fonte de questionamentos e desconfianças. Minha lógica e meu coração não conseguiam aceitar a imagem de um Deus punitivo, que classificava as pessoas em boas ou más e, em função disso, as enviava para o céu ou para o inferno. Depois, comecei também a não entender por que pessoas e nações se digladiavam em seu nome. Deus, essa força em que acreditava, era uma coisa só. Não importava o nome que lhe dessem, era único. O criador de tudo e de todos. Então, por que as guerras e as discórdias em seu nome? Somada a isso, chamava a minha atenção a forma como muitas pessoas usavam o nome de Deus, na maioria das vezes, da boca para fora, a fim de defender seus próprios interesses. Também não me agradava a postura passiva que outras tantas adotavam, na esperança de milagres vindos do céu. Nada disso batia com meu sentimento, com uma voz interior que insistia em falar que não era esse o caminho para se chegar a ele. Anos mais tarde, o contato com duas pessoas desperta em mim o desejo pela fé.

A primeira delas é uma empregada doméstica que vem trabalhar em minha casa, uma semana antes do nascimento de meu primeiro filho. Chamava-se Anália. Sem experiência anterior em casa de família, ganhava a vida, até então, costurando para fora. O que me leva a aceitar essa mulher miúda, de aparência frágil e sem experiência? A necessidade ou alguma coisa mais que, num primeiro momento, havia me impressionado? Talvez ambas tenham sido as razões, além do fato de ter sido muito bem recomendada. Uma pessoa íntegra e de caráter. Estas, sim, qualidades imprescindíveis para mim, que passava a maior parte do dia trabalhando fora. Na primeira mesa de jantar que Anália arruma, ao lado dos pratos, em vez de garfo e faca, coloca uma colher de sopa.

Por esses tempos havia me mudado, temporariamente, para a casa de minha sogra. Havíamos combinado que ela me ajudaria no primeiro mês, iniciando-me nas artes de cuidar de uma criança recém-nascida. Seu comentário ao ver a mesa posta é de espanto. Como Anália me auxiliaria nos afazeres domésticos, se nem mesmo uma mesa sabia colocar? Apesar das evidências iniciais em contrário, alguma coisa me diz que devo apostar nela. Além disso, penso que com um pouco de boa vontade aprenderia muito com a ajuda de minha sogra, uma exímia dona-de-casa. É assim que essa senhora de rosto pálido e jeito humilde entra em minha vida.

Anália, em pouco tempo, revela-se uma bênção. Ao retornarmos para meu apartamento, sinto ter encontrado a pessoa certa para me ajudar. Sozinha com meu bebê e sem nenhuma experiência anterior com crianças pequenas, encontro nela um grande apoio. Revela-se carinhosa e terna, sempre pronta para ajudar. Com relação aos serviços de uma casa, o tempo com minha sogra, conforme havia previsto, servira para lhe acrescentar o que ainda não sabia por experiência própria. Contudo, com o passar do tempo, começo a perceber alguma coisa que a diferencia de todas as pessoas que conheço e que, até então, havia conhecido. O que a torna tão especial a meus olhos? Curiosa, começo a lhe fazer perguntas. Quero saber como consegue trabalhar a semana toda longe dos filhos, ainda pequenos, e permanecer tranqüila mesmo nos momentos difíceis. Anália é mulher de poucas palavras. Entretanto meu vivo interesse a leva a se estender e falar sobre o que lhe vai ao coração. Precisava trabalhar. O dinheiro que ganhava ia todo para sua mãe, já em idade avançada, e os quatro filhos. O marido, mulherengo e pouco afeito ao trabalho, a havia deixado e, portanto, em nada contribuía. Além disso, o que gostava de fazer e que lhe permitia estar por perto (costurar) havia se revelado insuficiente. Então, sem nenhum outro tipo de experiência, entregara nas mãos de Deus a solução para seu problema. Em questão de dias, uma sua velha conhecida lhe acenara com a possibilidade de trabalhar em casa de família. Conhecia alguém que, provavelmente, a aceitaria. Assim, apesar da distância e das saudades, aceitara o caminho que lhe havia sido indicado. A explicação é simples, mas não é ela que me surpreende. O que em suas palavras mexe tanto comigo? O que me leva a invejar Anália? O que me faz desejar alcançar o que possui, se não sei exatamente do que se trata? Aos poucos, na convivência do dia-a-dia, começo a entrar em contato com o verdadeiro significado da palavra fé: uma entrega e uma confiança absoluta naquele que, mesmo sem poder ser visto, faz-se presente na vida de uma pessoa, alimentando-a, dando-lhe amparo e proteção em todos os momentos.

Anos depois, outro encontro. Débora, uma colega de trabalho, revela-se um novo exemplo. Convivemos apenas oito meses lado a lado. Tempo suficiente para descobrir que também possuía a mesma serenidade de Anália. Sua fala, assim como a da primeira, era mansa. Suas palavras, um bálsamo. Ainda em comum, o fato de nunca terem buscado me influenciar com suas respectivas crenças. Ambas demonstravam ter uma fé aparentemente inabalável e não estavam nem um pouco interessadas em catequizar ninguém, o que as tornaria chatas e inoportunas. Apenas viviam e deixavam viver, levando suas vidas de uma maneira que me parecia mais leve e salutar, apesar das dificuldades. Sua fé não estava na palavra, mas na atitude, na maneira corajosa e confiante com que iam, pouco a pouco, enfrentando as vicissitudes da vida. Revelaram-se mulheres de fibra, alegres e amorosas. De uma dignidade tão grande que, se pudesse, nunca delas me teria afastado. Passo a admirá-las profundamente. Quantas vezes me senti privilegiada simplesmente pelo fato de tê-las por perto: um olhar, um sorriso doce, um gesto de carinho, uma palavra de conforto que parecia vir sempre no momento certo.

A convivência com Anália e Débora me leva a perceber a existência de algo que sinto ser de extrema importância, de um valor inestimável, mas que ainda estou muito longe de poder alcançar. A força interior dessas duas mulheres desperta em mim o desejo pela experiência profunda de Deus.

Antes, porém, de conhecê-las, na véspera do nascimento de meu primeiro filho, descubro-me pensando maravilhada no ato da criação. Seria mãe em breve. Gerar uma nova vida estava se revelando uma experiência divina. Olho com encantamento à minha volta, como se a tudo estivesse vendo pela primeira vez. Sinto uma energia diferente, um amor profundo por aquele ser que dentro em breve estaria em meus braços e pelo criador. No dia seguinte, enquanto sou conduzida para o centro cirúrgico, me vejo pensando novamente em Deus. Sempre tão vaidosa, nesse momento me percebo completamente despojada de todos os símbolos desta mesma vaidade. Na maca, cabelos cobertos por uma touca e vestida com aquela típica camisola hospitalar, sem nenhum vestígio de maquiagem e jóias, nem mesmo meu minúsculo solitário de orelha, descubro-me a questionar qual o verdadeiro significado da vida. Em questão de mais alguns minutos ela não me pertenceria. Estaria nas mãos do anestesista, do médico responsável pela cesariana, de Deus. Um simples erro poderia se revelar fatal. E aí, eu que ali entrara por um motivo de alegria, poderia não voltar mais.

Vejo-me tomada por pensamentos estranhos, que não me são usuais. Penso também na preocupação que havia me acompanhado durante os nove meses de gravidez. Cinco anos de casada e não fora capaz de poupar o suficiente para dar entrada na compra de um apartamento próprio. Agora, com as despesas adicionais de uma criança, angustiava-me ante a possibilidade de não vir a concretizar este objetivo. Vaidade, bens materiais. Neste breve momento de reflexão, tudo parece perder sua importância ante o significado maior da vida.

Por que estes pensamentos me vêm de maneira tão forte e intensa nos instantes que precedem o início do parto? Provavelmente o milagre de gerar uma nova vida tinha-me feito vislumbrar um outro caminho. No entanto, tempos depois, a percepção de Deus e os exemplos de Anália e Débora rapidamente se desvanecem, dando lugar a uma realidade concreta. Precisava trabalhar. Cumprir meu papel de profissional, mãe, mulher e dona-de-casa. Não podia parar, não tinha tempo para me questionar em meio a uma rotina pesada e cheia de atribuições. Assim é que por muitos anos permaneço adormecida, afastando-me daquele que tanto desejei encontrar.

Parece, porém, que na vida tudo tem um tempo certo para acontecer. Compreendo que não fora por acaso que ganhara aquele livro de presente. Por alguma razão, ele tinha chegado às minhas mãos, no momento certo para me despertar. Então, por que correr tanto e me angustiar na tentativa de apressar o ritmo natural das coisas? Será que a fruta verde é tão saborosa quanto a madura? Para que tanta pressa? Para que tanto esforço? Quando for a hora, alguma coisa acontece. Essa afirmação, ao contrário de anos atrás, começa a fazer sentido para mim.

As palestras no Centro Espírita me esclarecem em vários aspectos, abrindo minha consciência para a percepção de uma realidade diferente, muito além da materialidade em que me encontrava envolvida e que tanto me fazia sofrer. Descubro a beleza de verdades sinceras e amplas, valores bastante diferentes daqueles em que havia me pautado. Aos poucos vou adquirindo uma nova percepção da vida que me dá uma perspectiva existencial mais estimulante.

Paralelamente à terapia, ao aprendizado advindo das palestras, começo a me interessar por um determinado tipo de livros. Esta leitura me conduz ao caminho da espiritualidade. Descubro um universo novo, desconhecido para mim. O que leio é tão assustadoramente diferente do contexto em que me encontro e do que haviam me ensinado quando criança, que os questionamentos, iniciados há algum tempo com a busca do autoconhecimento, tornam-se ainda mais abrangentes.

Os primeiros livros que leio sobre espiritualidade chamam a minha atenção ao afirmar que somos condicionados a acreditar em dois princípios que são verdadeiro veneno para o despertar do ser humano: a crença de que está no outro o nosso referencial e a idéia da imperfeição. Esses são os venenos que minam nossa autoconfiança e a capacidade de acreditarmos em nós mesmos. O outro, em primeiro lugar, significa se deixar levar pelo mundo externo, pelo ambiente, tornando-se mais um na multidão de anônimos, quando na verdade nós deveríamos ser nosso próprio referencial, a fim de não nos perdermos completamente. Além disso, ao aceitarmos que somos imperfeitos, nos menosprezamos por não entendermos que faz parte da natureza humana uma série de sentimentos que são considerados defeitos. Viver é compreender que somos perfeitos em nossa natureza e, a partir daí, deixarmos de querer ser o que não somos. Aceitarmos nossa natureza, estarmos em paz com ela é o caminho para que tenhamos acesso à espiritualidade.

Os livros também me falam de uma vontade que vem de dentro e que nos impulsiona a fazer o que nos entusiasma. Que quando estamos no nosso caminho nos sentimos realizados, em casa, felizes. Que as coisas verdadeiras são as coisas da alma. Que todo ser humano está dividido entre as coisas do mundo e as coisas da alma, do espírito. Que quem está no espírito não dá importância para chantagens e cobranças de família, de amigos, dos homens. Que devemos libertar o nosso espírito da escravidão, das convenções, das mentiras e dos valores que os homens criaram e por séculos vêm nos aprisionando e nos fazendo sofrer. Quem está na luz divina está na alegria, está livre. E quem está na escuridão está cheio de obrigações, de problemas, de dramas, de medos, cheios de "tem que". Falam ainda que precisamos aprender a não ter medo de nada e de ninguém, a desamarrar os nós que nos prendem a esses ganchos que nos arrastam para a escuridão. Aprender que temos opções. Que espiritualidade não é apenas ficar rezando, pedindo, mantendo posições passivas. Espiritualidade não vem do exercício de crenças religiosas, mas brota no coração e na vivência do homem. Vem de dentro.

Luiz Gasparetto – *Calunga fique com a luz...* Editora
Vida e Consciência.

A espiritualidade, descubro, nada mais é do que o caminho do coração, dos verdadeiros sentimentos. O caminho para encontrar meu cristo interno, o divino que dentro de mim habita. A espiritualidade é a conquista do mundo interior. Não se trata de religião, misticismo ou encontrar Deus. *Um espiritualista,* encontro a definição em um livro, *é um ser que está marchando consciente para esta conquista interior, porque o universo externo é apenas conseqüência do universo interno. É só nessa conquista que a dor desaparece e o prazer e os estímulos superiores da evolução começam a fazer parte de nossa vida. A felicidade é o produto final da conquista de si. Não há outra conquista a fazer a não ser a conquista de si mesmo.*

Luiz Gasparetto – *Calunga "Um dedinho de prosa"* –
Editora Vida e Consciência – p. 92.

O tempo passa e cada vez mais o que leio fala a meus sentidos. É como se alguém batesse à minha porta para me dizer que minha mãe havia se enganado ao se referir a mim como uma eterna insatisfeita. Eu não estava errada ao acreditar que a vida poderia ser muito mais do que a realidade de meu dia-a-dia. Um novo caminho me estava sendo mostrado. Os livros adquirem agora uma dimensão maior. Como uma esponja, absorvo o que me parece ser a luz, a lanterna que me permitirá atravessar a escuridão em que ainda me encontro. Novos conhecimentos me chegam e, pouco a pouco, vou aumentando meu nível de conscientização.

Os livros sobre espiritualidade passam a ser os únicos a me interessar. Não consigo mais ler nenhum outro tipo de livro. Quanto mais leio, mais necessidade sinto de saber. Depois de um determinado momento, porém, percebo que não adianta mais continuar comprando novos livros sobre esse mesmo assunto. Autores diversos, de origens distintas, estavam me sinalizando numa mesma direção. Era uma questão de acreditar ou não. Meu compromisso pessoal com a busca da espiritualidade acontece quando compreendo que de nada me adiantaria todo esse conhecimento se não buscasse colocar em prática o que vinha aprendendo.

O que me leva a apostar no que leio? Na possibilidade de uma realidade tão diferente e que exigiria tanto de mim, caso viesse a optar por ela? Minha experiência de vida. Talvez esta tenha sido a razão para ter percorrido, por tantos anos, um outro caminho. Bastava agora olhar para trás. O que tinha conseguido? Certamente alcançara meus objetivos, mas não o antídoto para combater o vazio e a insatisfação que me haviam levado a buscar ajuda anos atrás. Tentara, até a exaustão, seguir um rumo que não me trouxera alegria, satisfação ou prazer. Esta retrospectiva, à luz dos novos conhecimentos, me faz perceber claramente que precisava mudar, caso quisesse realmente encontrar felicidade e paz de espírito.

Desde que iniciara o processo terapêutico, vinha passando por grandes mudanças pessoais, porém, agora, com a leitura, descubro que existe um caminho ainda não percorrido: o do coração. Os livros me falam que somente através dele seria possível conhecer minha identidade mais profunda. Precisava, para tanto, entrar em contato com a minha verdade. Sempre atuara na vida agindo de fora para dentro, movida apenas pela razão, sem buscar escutar, verdadeiramente, meu coração. O que realmente queria? Começo, então, a me analisar nas pequenas questões do dia-a-dia. Quero ir a essa festa? Ligar para determinada pessoa? Fazer sexo com meu marido? As dificuldades começam a surgir quando a resposta é negativa. Se não for à festa, minha amiga vai ficar chateada. Mas não estou com vontade. Este é meu sentimento verdadeiro. Então, por que não reconhecê-lo e respeitá-lo, nem que seja apenas de vez em quando? Ao dar o primeiro passo, reconheço todas as dificuldades que encontraria pela frente. Respeitar-me, dar-me ao respeito independentemente do que poderiam falar a meu respeito. Como me livrar da submissão à opinião alheia? Assim como a maioria das pessoas, também preciso me sentir amada e aceita. Mas dizendo não, como conseguiria? Descubro que, para ter o amor do outro, preciso primeiro aprender a me amar e respeitar. Se não me amava, como queria que me amassem? Aprender a me amar. Qual o verdadeiro significado dessas palavras é a pergunta que me faço. Certamente não se tratava apenas de cuidados externos com a aparência, cedendo aos apelos de uma sociedade cada vez mais consumista, de uma superficialidade que o dinheiro podia comprar. Não, não é somente desse amor que os livros me falam. Amar-se é muito mais profundo do que comprar uma roupa nova ou mudar o corte do cabelo. Amar-se é, em primeira instância, aceitar-se. É descobrir nossa verdadeira natureza, é conhecer-se. É não se deixar levar pelos outros e nem se julgar inferior por ser quem se é.

O caminho da espiritualidade bate também com o que havia lido em um dos livros de Jung, que afirmava que Ser humano era atingir um estado que ele chamava, na psicologia, de individuação. Segundo ele, pouquíssimas pessoas atingiam este estado. Cristo atingiu. Buda também. Os grandes seres iluminados atingiram este estado. A maioria das pessoas, no entanto, era apenas de seres com formas humanas, mas ainda massa. Eram tocados pelos acontecimentos, manipulados pela opinião pública, pela cultura e tudo mais. Estaria sendo pretensiosa em querer seguir o caminho encontrado por Cristo e Buda? Não. Não estava. Apenas sinto que tudo que leio bate com meu anseio antigo de liberdade, de individualidade, de contato divino, sem submissão aos ditames de uma religião, de uma determinada cultura. Por que tenho que ser como todo mundo? Agir da mesma maneira? Pensar igual? Vestir igual? Desejar as mesmas coisas e ir para os mesmos lugares? Onde estaria minha singularidade, o que me tornava diferente da massa a que Jung havia se referido? Essas eram questões que, de certa forma, sempre me tinham acompanhado quando, invariavelmente, não conseguia me enquadrar em determinados padrões de comportamento. Quando isto acontecia, me questionava se a errada era eu, por não conseguir agir e pensar igual à grande maioria. Agora, com a leitura, começo a ganhar uma nova compreensão.

Como expressar a exata importância dos livros em meu processo de transformação? Num primeiro momento, servem para me sinalizar sobre a possibilidade de um outro caminho. Depois, para me ensinar como segui-lo. Em cada etapa de meu processo de evolução, eles estão presentes para me estimular, para me levar a avançar um pouco mais. Os livros me incitam a ter coragem para me assumir como realmente sou. Mas quem realmente sou? É a pergunta que ainda me faço a essa altura dos acontecimentos. Eles também me falam de paciência. Não existem respostas prontas. Não vou encontrá-las em nenhuma parte, a não ser dentro de mim mesma. Percebo, assim, que ainda teria pela frente um longo percurso. Havia chegado o tempo de fazer o caminho de volta, uma viagem para o centro de meu ser, ao encontro de minha essência, de minha verdadeira natureza.

No começo me sinto insegura a cada nova situação em que preciso tomar uma decisão. Não estou acostumada a me ouvir, a seguir minha intuição. Na maioria das vezes meu primeiro impulso ainda é o de me deixar guiar somente pela razão. Apesar de já estar na estrada há algum tempo, mudar continua se revelando um processo difícil. Os valores e conceitos já estão tão arraigados que fica difícil revê-los, que dirá alterá-los? Os livros de cabeceira são a bengala, o conforto que busco sempre que me sinto vacilar. Leio-os e releio-os inúmeras vezes. Em cada momento, em cada dificuldade, encontro um volume específico para me direcionar e falar a meu coração. Aos poucos, começo a perceber que se abre dentro de mim um canal de comunicação, uma faculdade espiritual que não dá explicações, mas simplesmente aponta o caminho que devo seguir.

> "*Quando você entra em contato com Deus no interior do eu, as respostas devem chegar e, o que é mais, você as perceberá e compreenderá. Quando descobre a si mesmo e, conseqüentemente, conhece o papel que desempenha na criação de seu destino, você realmente se encontra.*"
>
> Eva Pierrakos – *O Caminho da Autotransformação* – Editora Cultrix – p. 32.

O desejo genuíno de estar imersa na verdade me leva a vivenciar a experiência interior de Deus. Ela acontece num momento difícil, em que passo por uma situação delicada na esfera profissional.

Na antevéspera do Natal, fico sabendo que meu superior imediato, promovido recentemente, não me levaria junto com ele para secretariá-lo na Diretoria Executiva. Essa informação me cai feito uma bomba. São vários os aspectos envolvidos na questão. O primeiro deles, sem sombra de dúvida, é o orgulho ferido por ter sido preterida. Depois, o fato de não ter sido comunicada diretamente, tendo ficado sabendo por terceiros. Por fim, o término de uma relação profissional direta que me agradava. Gostava de trabalhar com ele. De todos que haviam me entrevistado, durante o processo de seleção para entrar na empresa, me identificara mais com ele e o elegera, mentalmente, para vir a ser meu futuro chefe.

Enquanto me maquio em frente ao espelho do banheiro, não posso deixar de reconhecer o quanto estou acabada, após dias de angústia e mais uma noite maldormida. O sentimento de rejeição machuca, o orgulho ferido atormenta. Não sei onde encontrar forças para enfrentar, depois do feriado natalino, a nova realidade de meu ambiente de trabalho.

De repente, percebo uma voz que parece vir de longe. Ela chega devagar, sem se fazer anunciar e, pouco a pouco, me induz a um olhar diferente para a questão que tanto está me afligindo. É como se, carinhosamente, alguém girasse minha cabeça em outra direção, levando-me a enxergar o que antes não conseguira vislumbrar. Como num passe de mágica, o que tanto estava me incomodando deixa de incomodar. Consigo recuperar minha tranqüilidade no instante em que percebo, com uma clareza impressionante, que o que havia acontecido, apesar das aparências em contrário, fora melhor para mim. Esta compreensão me traz uma paz de espírito tão grande que consigo enfrentar a situação de uma maneira diferente, que surpreende a todos, mas principalmente a mim mesma.

É a primeira vez que faço contato com uma verdade que vem de dentro e que não tem absolutamente nada a ver com as aparências. Se o que havia acontecido fosse avaliado pela ótica materialista, dos resultados imediatos, eu realmente perdera algo de valor em termos profissionais. Porém, se esse olhar fosse em uma outra direção, aquela que diz do aprendizado, da evolução enquanto ser humano, aí sim, ficava claro para mim, que havia ganhado uma oportunidade de colocar em prática o que vinha aprendendo em termos de espiritualidade. Além do mais, verdade seja dita, a profissional que viria a ocupar o lugar que eu desejava, fizera por merecer essa promoção. Trabalhara duro com o diretor executivo anterior, substituindo sua secretária que havia pedido demissão. Uma substituição considerada bastante delicada na época. Com paciência, profissionalismo e determinação, soubera contornar todas as dificuldades encontradas nessa nova posição. Agora que aquele para quem havia trabalhado durante seis meses estava se aposentando, nada mais justo que fosse ela a escolhida para secretariar o novo diretor, no caso, meu chefe.

Aquela voz que ouvira me pertencia. Sempre estivera presente, aguardando apenas que fizesse contato com ela. Deus, a força superior em que acreditava, não estava longe. É a voz que me fala, que me guia, quando dou espaço para que se manifeste. Por que demorei tantos anos para encontrá-lo? Percebo que este contato com o divino só foi possível depois de ter percorrido um longo caminho, livrando-me de uma série de condicionamentos, idéias e bobagens que tinham impedido nossa comunicação. Verifico o quanto foi importante me abrir para realmente querer enxergar a verdade, mesmo com as circunstâncias apontando em uma outra direção.

A experiência de Deus é tão forte e significativa que não tenho mais dúvidas de estar no caminho certo. Não se trata de leitura e de ouvir falar. Agora sei, por experiência própria, que não estou mais sozinha. Meu sentimento é de profunda felicidade. Sinto-me privilegiada por esse contato. Um canal de comunicação havia sido aberto e, para não perdê-lo, compreendo que preciso continuar avançando. A partir desse dia minha determinação se torna ainda maior. Compreendo o quão pouco sei a respeito do que realmente é importante para a minha vida. Esta é a razão que me leva a não pedir mais em minhas preces para que algo aconteça ou deixe de acontecer, por mais que eu deseje alguma coisa. Falo de minhas angústias e, quando não consigo enxergar solução para os meus problemas, não peço mais a Deus para resolver, mas, sim, para me mostrar o caminho, para me fazer enxergar. E Deus mostra, sempre que estou pronta para escutar. A vida está me trazendo a compreensão do que tanto havia admirado e invejado em Anália e Débora: a fé. Não se trata de acomodação e nem de esperar sentada que alguma coisa me caia do céu. Significa apenas aceitar o lugar onde estou e a vida que me está reservada neste momento, sem deixar de reconhecer o papel que desempenho na criação de meu destino.

Começo também a entender o significado da aceitação. Em vez de me desesperar a cada acontecimento aparentemente negativo, passo a me questionar sobre o porquê de aquilo estar acontecendo comigo. No entendimento dos porquês, o aprendizado, a chave para o crescimento pessoal e espiritual. A partir do momento em que deixo de resistir e aceito a situação, encarando-a como uma oportunidade de aprendizado, sinto nascer dentro de mim uma força adicional, uma paz interior que me permite enfrentar as dificuldades de maneira completamente nova e surpreendente.

Sinto-me envolvida por uma energia mágica que me direciona e me leva, entre outras coisas, a me afastar de pessoas negativas. Passo também a me policiar nas conversas, buscando fugir da tentação de falar mal da vida alheia. Um hábito tão comum, mas que nada me acrescenta, muito ao contrário. Isto fica bastante evidente em uma experiência, para mim marcante, no retorno do trabalho para casa.

Certa tarde, quando voltava na van que sempre me conduzia e a outros funcionários da empresa, julgava-me feliz por não participar de um tititi, uma série de comentários maldosos a respeito de alguns colegas de trabalho. A turma parecia inspirada naquele dia a falar mal da vida alheia. Lá pelas tantas, já me sentindo vitoriosa por estar conseguindo resistir bravamente, tocam no nome de um desafeto meu. Sem perceber, começo a falar, endossando a maledicência com minha contribuição. Quando desço da van, sinto-me invadir por uma estranha sensação de mal-estar. O que teria acontecido? É sexta-feira, o melhor dia da semana. Estava tão bem, por que agora aquela sensação desagradável? Por incrível que pareça, além de não descobrir a razão, passo todo o fim de semana sentindo-me pesada, sem uma explicação plausível para aquela mudança repentina de humor. Somente na tarde de domingo, vem-me a compreensão. Ao falar mal de uma colega com quem não me relacionava bem, havia carreado para mim mesma toda a energia negativa daquela conversação. Não importa que tenha me segurado bravamente no início; no instante em que comecei a participar do falatório, canalizei a energia ruim. Daí o peso, a sensação de mal-estar. Por que será que isto tinha acontecido? Para que aprendesse, certamente. Há muito, desde o início da terapia em grupo, sabia que não me cabia julgar os outros. Depois, na busca da espiritualidade, isto ficara ainda mais claro para mim. Como, então, no nível de consciência em que já me julgava encontrar, caíra naquela armadilha? Com este simples questionamento compreendo que não havia evoluído o suficiente ou, pelo menos, não tanto como pensara inicialmente. Esta constatação me deixa frustrada. Percebo o quanto ainda estou longe da luz que busco alcançar. Será que algum dia conseguiria? Recordo-me então de algo que havia lido algum tempo atrás. "*Uma vez perguntaram a um monge o que fazia o dia inteiro no mosteiro. Respondeu que caía e se levantava, caía e se levantava, caía e se levantava.*" Assim estava se revelando a vida para mim: um contínuo aprendizado. Nunca se sabia o suficiente para não se cair novamente.

Determinada que estou a fazer a minha parte, quanto mais busco me aperfeiçoar, mais contato consigo fazer com meu universo interior. Aos poucos, começo a agir a partir de meu centro mais íntimo, encontrando mais segurança e satisfação em tudo que faço. Além disso, começo a sentir uma vontade louca de compartilhar com outras pessoas tudo que venho descobrindo. Por outro lado, quando não respeito meus sentimentos verdadeiros, sinto-me mal, por uma razão ou outra. Esse é o primeiro indicador de que fiz a opção errada. E assim, entre erros e acertos, me abrindo para as sinalizações, começo a aprender a ouvir meu coração, a entrar em contrato com o divino que habita dentro de mim.

Capítulo 3

"Que sei eu do que serei,
eu que não sei o que sou?"
Fernando Pessoa

O Dom – Propósito de Vida

Na leitura de um novo livro encontro uma adjetivação que mexe profundamente comigo. Que poder é esse que a palavra tem? Sinto-me paralisada, incrédula, a ponto de não conseguir prosseguir com a leitura. Está lá escrito, no início de um novo capítulo, que todo ser humano tem um propósito de vida, um dom singular ou um talento único para dar aos outros.

A palavra "todo" faz sangrar uma ferida que o tempo não soubera cicatrizar: a falta de realização profissional. Com ela me vejo incluída em um universo que, até então, julgara pertencer apenas a alguns poucos privilegiados: pessoas que encontravam prazer no exercício de suas funções. Há quantos anos vinha me questionando sobre a possibilidade de também possuir um dom, alguma coisa cuja execução me entusiasmasse? Porém, como não conseguira vislumbrar nada, pensara ser meu destino dar continuidade ao trabalho que vinha realizando.

Compro mais livros. Neles, a confirmação da leitura anterior.

"Para cada um de nós existe uma expressão perfeita, um lugar que ninguém pode ocupar, o nosso destino, o desígnio divino de nossa existência, o plano a ser executado para satisfazer o motivo pelo qual Deus nos criou."

Lourenço Prado – *Alegria e Triunfo* – Editora Pensamento – p. 115.

O que vinha buscando parece vir de novo a meu encontro. O autoconhecimento e a espiritualidade estavam me trazendo, à luz do momento presente, um outro elemento a ser trabalhado: a descoberta de meu propósito de vida.

Há algum tempo, mais precisamente no dia do nascimento de meu primeiro filho, vi-me tomada por pensamentos não-usuais, questionando-me sobre qual seria o verdadeiro significado da vida, a razão para existir. Agora, anos depois, com a recém-adquirida consciência de possibilidades com as quais ainda não havia trabalhado, começo a me perguntar que caminho seria este que havia deixado de percorrer. Por onde começar, se nunca havia parado um minuto sequer, para descobrir minhas reais potencialidades? Além disso, não seria tarde demais? O próprio autor do livro ensinara a seus filhos, a partir dos quatro anos de idade, a buscarem descobrir por si mesmos qual a razão para estarem aqui. Ensinou-os também a não se preocuparem em ganhar muito dinheiro. Não queria que tivessem por objetivo de vida o sucesso na escola, a obtenção das melhores notas. Deveriam, isto sim, se concentrar em descobrir o que aqui vieram fazer, seu principal objetivo de vida. Desde a primeira infância tiveram uma sábia orientação e, quando adultos, segundo o autor, acabaram indo para as melhores faculdades e sendo únicos naquilo que os tornava economicamente auto-suficientes, porque estiveram concentrados no que vieram fazer aqui. Mas, e quanto a mim? Com mais de quarenta anos, num país como o Brasil, que cultuava e privilegiava a juventude, ainda teria chances? E se as tivesse, qual ficha apostaria?

Ao contrário de muitas pessoas na luta pela sobrevivência, pelo pão de cada dia, não precisei abrir mão de uma vocação, de um trabalho que gostaria de poder realizar. Não. Este, infelizmente, não é o meu caso. Seria muito mais fácil se assim o fosse. Ante o vazio que vinha sentindo, bastaria apenas mudar de rumo ou, quem sabe, conciliar a atividade profissional com o exercício de algo que me entusiasmasse. Porém, ao contrário do que diz o livro, nunca me soube dotada de uma habilidade especial, de alguma coisa que me diferenciasse. E se a afirmação estivesse correta? E se eu também fosse possuidora de um dom? Estes questionamentos trazem com eles uma profunda tristeza, uma enorme sensação de desperdício, de tempo perdido.

> *"Fiz de mim o que não soube, e o que podia fazer de mim não o fiz."*
>
> Fernando Pessoa

Por outro lado, essa nova consciência que começa a me chegar é a semente que faz brotar a vontade, o desejo de descobrir meu propósito de vida.

Penso ser importante fazer aqui uma pausa para falar um pouco de meu passado, das razões e dos valores que me levaram a buscar uma vida insatisfatória.

Não foram boas as recordações de minha infância, uma vez que foi limitada desde seu início. Não aprendi a andar de bicicleta, não realizei viagens fantásticas e muito menos usufruí de uma convivência familiar prazerosa. Quando criança e adolescente, meu universo se restringia ao apartamento onde morava com meus pais e dois irmãos e à farmácia de meus pais, localizada em Copacabana, bem no início da Rua Barata Ribeiro, quase esquina com a Prado Júnior. Da janela de nossa sala de jantar podíamos enxergar aquela que nos ocupava tanto a funcionar diariamente, das sete da manhã até a meia-noite. Não existiam fins de semana, feriados e férias da família. Muito cedo comecei a ter meu próprio turno de trabalho. Contudo, cabia ao Renato, dez anos mais velho, a parte maior. A ausência de meu pai por um bom período de tempo, quando esteve clinicando no Paraná, levou meu irmão a assumir, ainda bastante jovem, a responsabilidade pela administração da farmácia: compra de remédios, pagamento de empregados e fornecedores, contabilidade. Minha mãe ajudava-o tanto quanto podia. Porém, além dos filhos menores, precisava dar conta também dos afazeres domésticos. Não sei bem se por falta de dinheiro ou por falta de sorte, na maioria das vezes encontrava-se sem empregada. Para dificultar-lhe ainda mais a vida, costumava passar noites em claro cuidando de Renan, meu irmão mais novo, que sofria de asma.

Não saberia dizer quanto tempo meus pais foram felizes em seu casamento. A impressão que tenho é a de que não cheguei a partilhar desses momentos. Minhas recordações se restringem, em sua maior parte, às constantes desavenças. As boas lembranças da infância e da adolescência não chegam a ocupar os dedos de uma mão. Uma delas se encontra nas vindas de minha prima Sandra e de meus tios ao Rio de Janeiro. Nestas oportunidades, me divertia como outra criança qualquer. Tio Ailton, que sempre se fazia acompanhar de carro e motorista, aproveitava a estada aqui para passear e nos levar a vários lugares. Havia também as férias, quando ia para a casa deles em Manhuaçu, pequena cidade na Zona da Mata, a leste de Minas Gerais. Quando lá chegava, entre outras coisas, me aguardava Luzia, empregada de tia Natalina. Mulata grandona, de pouca conversa, era tida como brava por todos, inclusive por nós, minha prima e eu. Em compensação, cozinhava divinamente bem. Até hoje ainda me lembro do gosto delicioso de seu arroz-doce.

Sandra e eu nos entendíamos muito bem. Apesar de ser filha única e mimada por meu tio, sempre foi uma pessoa doce, meiga e fácil de se relacionar. Temperamentos diferentes, de vez em quando brigávamos uma com a outra, para logo voltarmos às boas. A maior parte de nosso tempo passávamos jogando buraco, conversando ou buscando alguma outra maneira de nos divertir. A nos fazer companhia, contávamos sempre com a presença de Bebeto, um primo querido, do qual raramente nos separávamos. Sentia-me feliz e segura com a proximidade de tios, tias, primos e primas. Além disso, como a cidade era pequena, tinha a impressão de que todos me conheciam. Quando eu chegava era uma festa.

Foi ainda em Minas que vivi os melhores momentos de minha adolescência. Nas férias de fim de ano, encontrava em Manhuaçu, terra natal de minha mãe, uma liberdade que meus pais não me permitiam usufruir aqui. O carnaval representava o ápice das férias. Tio Ailton, alegre e festeiro como ele só, comprava caixas e mais caixas de lança-perfumes, na época em que ainda não eram proibidas. E nós? Nós nos deixávamos inebriar em seu perfume, antes dos bailes carnavalescos. Guardo saudades daqueles momentos felizes: a confecção das fantasias, os ensaios de nosso bloco carnavalesco, a euforia e a alegria genuína com que nos reuníamos. Sem falar nas muitas festas e nas inúmeras paqueras.

Do lado de cá, no Rio de Janeiro, a realidade que me aguardava era outra completamente diferente. Meus pais não tinham parentes nem amigos próximos que pudessem trazer um pouco de alegria para nossa convivência familiar. Vivíamos como que num mundo à parte, da farmácia para casa e vice-versa. Tudo me parecia triste, difícil e complicado. Um emaranhado de situações que nunca se resolviam e que estavam sempre focadas na luta pela sobrevivência. Não existia espaço, em nossa rotina doméstica, para o belo da vida: a troca de afeto, o compartilhar, as pequenas gentilezas. A única boa recordação destes tempos se chamava Confeitaria Mantegazza. Parede com a farmácia, era propriedade de um casal de italianos: Sr. Mário e Dona Gemma. Flamínia, a única filha, alguns meses mais nova que eu, ocupou desde os primeiros anos de minha infância o lugar da irmã que nunca tive. Vivíamos grudadas uma na outra. Na cumplicidade de nossa amizade, buscávamos compensar o que nos fazia falta em nossos respectivos lares.

No prédio onde morava, fiz também amizade com duas outras meninas: Mary e Maria José. No entanto, não sentia por elas o afeto que sentia por Flamínia. Mary era minha vizinha de porta. Filha de judeus, vivia com fartura e opulência. Maria José, por sua vez, possuía o corpo e a beleza que gostaria de ter, além de ser o centro das atenções em sua casa. Única filha mulher, como eu, a diferença estava na maneira como era tratada pelos irmãos: reinava absoluta, com todas suas vontades satisfeitas. Em minha meninice, como desejei o luxo e a abundância da casa da Mary, a beleza e a atenção de que gozava Maria José...

Também me recordo do olhar gordo que lançava para as outras garotas da vizinhança, ao vê-las, da porta da farmácia, se arrumando para viajar nas férias ou em um desses tantos feriados de nosso calendário. Pareciam alegres e felizes. Pelo menos assim eu as imaginava, enquanto me deixava levar pelo desejo de também poder viajar com meus pais e irmãos, a fim de usufruirmos, juntos, um fim de semana qualquer. Infelizmente este e tantos outros sonhos relativos à minha rotina doméstica não chegaram a se concretizar.

Minha realidade tinha muito mais a ver com a de Flamínia. Além de nossos mundos serem semelhantes em vários aspectos, tínhamos ainda uma combinação perfeita. Em troca dos doces e refrigerantes, lhe dava alguma perfumaria da farmácia: um xampu, uma água de colônia, ou qualquer outro objeto de seu interesse. Assim como eu, também ajudava seus pais na confeitaria. Nos fins de semana, o fato de estarmos ali, lado a lado, amenizava em parte a frustração de passarmos a tarde inteira trabalhando, enquanto sabíamos que as demais garotas de nossa idade se encontravam na praia, se divertindo ou simplesmente descansando. Parceiras e cúmplices, dividíamos nossas alegrias e tristezas. Não havia segredos entre nós e só viemos a nos separar por ocasião do vestibular, envolvidas que estávamos por contextos diferentes: eu, namorando, e ela, buscando encontrar novas amizades e interesses.

Desde que éramos garotas, D. Gemma vivia a dizer que Flamínia não se casaria cedo. Viajaria muito, conheceria outros países e faria novas amizades. De minha parte, me questionava muito a respeito de seu casamento com o Sr. Mário. Não conseguia entender como duas pessoas tão diferentes habitavam o mesmo teto. Ele, um ser humano terno e doce. D. Gemma, em contrapartida, parecia estar sempre de mal com a vida, reclamando de tudo e de todos. Dizia odiar morar no Brasil e seu grande sonho era o de um dia poder retornar a seu país, este sim, segundo ela, um lugar digno de se viver. Enquanto o Sr. Mário era simples e trabalhador, D. Gemma possuía ares de grande dama.

Lembro-me também de uma viagem que Flamínia fez, ainda criança, com sua mãe para a Itália. Quando retornaram, o apartamento em que moravam havia sido completamente reformado. Apesar de ainda não saber lidar bem com números, fiquei com a impressão de que o Sr. Mário havia gastado muito dinheiro para agradar D. Gemma e a filha. Em minha primeira visita após a nova decoração, me impressionou a beleza e, principalmente, o papel de parede do quarto de Fla, como costumava chamá-la. Nunca tinha visto um antes e achei-o lindo demais: com fundo rosa e motivos infantis. Sua mãe, no entanto, nem mesmo assim se deixou amansar. Continuava resmungando e brigando por qualquer motivo. Qual a razão para tanto mau humor?, me questionava. O que lhe faltava? Nesse episódio, em particular, que mais poderia ter desejado? Enquanto viajava e se divertia, seu marido tinha ficado aqui, trabalhando e cuidando de todos os detalhes da surpresa que queria lhe fazer.

Como era grande a freguesia da Confeitaria! As pessoas vinham de longe para comprar os doces feitos pelo Sr. Mário. Alguns anos atrás, quando soube de sua morte na Itália, onde morava com D. Gemma, senti muito. A distância não me permitiu compartilhar os últimos anos de sua vida. Guardo em minha memória, porém, as boas lembranças daquele homem de sorriso franco por trás dos grandes bigodes. Quando D. Gemma se mudou para Roma, pensei que finalmente seria feliz. Para minha surpresa, Flamínia me disse que sua mãe sentia muitas saudades do Brasil, do calor humano que lá dizia não encontrar.

Flamínia, de certa forma, seguiu o rumo traçado por sua mãe. Nos primeiros anos de Faculdade, recebeu um convite e foi estagiar na Itália. Mais adiante, voltou ao Brasil para, tempos depois, retornar definitivamente para a Europa, onde se encontra até hoje. Tornou-se uma mulher viajada, culta e bem informada. Sempre que vem de férias ao Brasil, nos encontramos e reforçamos ainda mais os laços antigos de amizade, um elo forte que nem mesmo a distância foi capaz de romper

As férias em Manhuaçu, a amizade com Flamínia e os doces maravilhosos da Confeitaria Mantegazza amenizaram, em parte, o lado sombrio de minha infância. Muitas eram minhas carências, mas nada me machucava tanto quanto a falta de atenção e a preferência de minha mãe por Renato. O mundo parecia girar em torno dele, que era sempre o ponto de referência, o ideal a ser alcançado.

Meu outro irmão, Renan, vivia às turras comigo. Brigávamos tanto que, volta e meia, me deixava com torcicolo, de tanto que puxava meus cabelos compridos. Renato, por outro lado, tornou-se meu ídolo. Admirava-o profundamente. Trabalhador e responsável, sobrava-lhe pouco tempo para namorar e para se divertir, ao contrário de todos os outros rapazes de sua idade. Estava sempre às voltas com os deveres de casa, a farmácia e, como se não bastasse, ainda nos ajudava, Renan e eu, nas tarefas escolares. Aprendeu muito cedo a assumir responsabilidades, virando adulto antes do tempo. Tornou-se um homem digno, de valor, mas extremamente sério e ocupado, sem tempo para as pequenas e mais importantes alegrias da vida.

A participação de meu pai em minha infância, infelizmente, não foi como gostaria que tivesse sido. Quando criança, costumava viajar com freqüência para clinicar no Paraná, onde se encontravam dois de seus irmãos, um deles também médico. Destes tempos, as boas recordações se limitam a seus retornos, quando sempre me trazia uma lembrança, um afago, quando não uma linda boneca. Gostava também da maneira carinhosa como costumava alisar meus cabelos, enquanto me sentava em seu colo, no banco da farmácia. Na adolescência, nos afastamos muito um do outro. Não existia diálogo entre nós e, geralmente, agia de maneira bastante repressora. Foi, contudo, o único a me dispensar, ainda pequena, carinho e atenção.

O relacionamento com minha mãe nunca chegou a ser bom. Sua dependência e predileção pelo Renato, como uma venda a lhe cobrir os olhos, a impediu de me enxergar. Com o passar dos anos, um abismo se abriu entre nós. Não chegamos, em momento nenhum, a compartilhar daquela cumplicidade gostosa que normalmente se estabelece entre mães e filhas. Antes de iniciar o processo terapêutico, uma de minhas maiores mágoas em relação a ela era a de ter destruído, muito cedo, a imagem que fazia de meu pai, não permitindo que descobrisse sozinha seus defeitos e qualidades. Sua morte, aos 78 anos de idade, provocou em mim sentimentos contraditórios. Avisados por uma vizinha, Renato e eu corremos para vê-la. Renan veio se juntar a nós um pouco mais tarde. Quando chegamos, mamãe já havia morrido. Apesar de nunca ter sofrido do coração, fora vítima de um ataque cardíaco fulminante. Levei um choque ao entrar em seu quarto e encontrá-la estendida na cama, sem vida. Não estava preparada para isto. Sequer passou por minha cabeça que poderia nos deixar tão rápido. No dia anterior nos falamos e parecia estar se recuperando bem de um forte resfriado.

Como é difícil lidar com a morte, principalmente quando ela não se faz anunciar. Enquanto olhava seu corpo inerte, chorava por tudo que poderíamos ter sido uma para a outra e não fomos. De repente, a tristeza daquele momento cedeu lugar a uma reconfortante sensação de paz, ao perceber a presença de Deus nos últimos acontecimentos. Viúva há alguns anos, um dos maiores medos de minha mãe, ao entrar na velhice, era o de se tornar dependente, doente em uma cama ou sofrendo em um leito de hospital. Sempre a ouvi dizer, desde menina, que gostaria de morrer como minha avó: de repente. Sem dar trabalho a ninguém e sem sofrimento. Com o passar dos anos e o conseqüente avanço da idade, tenho certeza de que esse era o principal pedido que fazia a Deus em suas orações e nas reuniões carismáticas de que participava. Saber que ela havia sido atendida em suas preces alimentou minha alma naquele momento. Apesar de triste, senti-me grata e pacificada.

De minha parte, não existiam mais mágoas e ressentimentos. O trabalho terapêutico me ajudara bastante a entender e a aceitar esta relação tão importante e, ao mesmo tempo, tão delicada.

De alguma forma nossa convivência familiar já havia deixado marcas em minha personalidade quando entrei para o jardim de infância, aos seis anos de idade. No primeiro dia de aula, uma triste experiência me traumatizou bastante. Na hora do recreio, com fome e vontade de ir ao banheiro, permaneci sentada na cadeira, observando as outras crianças brincarem, sem coragem de me levantar e ir me juntar a elas. Desejei intensamente que se aproximassem de mim e me levassem com elas, mas isso não aconteceu. Parece que, de repente, me tornei invisível. Adulto ou criança, ninguém se aproximou de mim nem me dirigiu uma única palavra sequer. Me senti abandonada, indefesa, completamente insignificante, a ponto de não se importarem comigo. Provavelmente a dificuldade que ainda sinto hoje no relacionamento com outras pessoas é uma das conseqüências mais significativas de minha vivência familiar pobre de afeto e de atenção e deste episódio em particular. A exemplo da menina no banco escolar, na vida adulta muitas foram as vezes em que desejei uma aproximação, mas não soube buscá-la. Desenvolvi defesas que me afastaram das pessoas quando, na verdade, as queria perto de mim.

Minha vida começou a mudar quando conheci meu marido. Fui apresentada a ele pela Flamínia, no Zeppelin, um bar supercharmoso em Ipanema, na Rua Visconde de Pirajá. Na época estava saindo de um outro namoro, com um já então advogado, e pensava apenas em me divertir. Em verdade, nosso relacionamento só aconteceu porque cedi aos apelos de Fla que, interessada em um amigo seu, julgou que com o nosso namoro teria mais chances de se aproximar. Ledo engano. Por outro lado, Aires e eu, após quatro anos e meio de namoro, viemos a nos casar. Até hoje, quando estamos os três juntos – Aires, Flamínia e eu –, aproveitamos a oportunidade para relembrar aqueles tempos e a ironia do destino que transformou uma simples brincadeira em uma relação que já dura mais de 30 anos.

Se não fosse pela Fla, provavelmente Aires não teria entrado em minha vida. Seu tipo físico, seu jeito arrogante de ser não pareciam ter muito a ver comigo. Mas, assim como me senti atraída por sua voz ao telefone, também me deixei conquistar por ele e por sua família. Começamos a namorar em setembro. No final do ano, mais precisamente no dia primeiro de janeiro, naquele almoço habitual de Ano Novo, convidou-me para ir a Niterói, onde seus pais, que moravam em Ipanema, estavam reunidos com a família de sua mãe. Observada por todos, me deixei encantar pela delicadeza com que fui tratada por minha futura sogra. Atenciosa e gentil, me conquistou desde o primeiro instante.

Nesse mesmo ano iniciei o vestibular para Economia. Coincidentemente, estudava no mesmo prédio que Rita, irmã de Aires. Nos tornamos amigas. Parecia ter encontrado nelas a mãe e a irmã que sempre desejei ter. Identifiquei-me com todos. Sentia-me bem junto deles em qualquer dia, em qualquer lugar. Representavam tudo o que eu não havia tido em termos de família, daí meu fascínio e a transferência imediata de afeto. O primeiro presente que ganhei de minha sogra me deixou feliz e emocionada. Exímia cozinheira e sempre interessada em participar de cursos que ampliassem ainda mais essa sua habilidade natural, havia acabado de aprender a fazer doces caramelados quando me presenteou com uma bandeja lindamente decorada, repleta deles. Até hoje brinco com ela dizendo que foi a forma que encontrou para me fisgar, para se livrar do filho rebelde e contestador. Não fui eu que conquistei meu marido pela boca, como se costumava fazer naqueles tempos, já que nunca fui chegada a uma cozinha. Muito ao contrário, eu é que me deixei fisgar – pela sogra.

Vivi por esses tempos uma fase em que tudo parecia dar certo. Passei no vestibular e fui classificada para o segundo semestre de Economia da UFRJ – Universidade Federal do Rio de Janeiro. Com a venda da farmácia, fui em busca de emprego, mesmo sabendo que em agosto precisaria estudar na parte da manhã. Dezenove anos, namorando, começo a trabalhar como secretária júnior, em uma multinacional japonesa chamada Sumitomo. Para completar minha felicidade, o início das aulas não impede a continuidade de meu trabalho. Ao pedir demissão, alegando a mudança de horário da faculdade (uma pequena mentira), permitem que continue trabalhando em horário especial, feito na medida certa para atender às minhas necessidades. Assim, minha vida transcorreu, por alguns anos, plena e feliz. Faculdade de manhã, trabalho até as 19 horas e, três vezes por semana, curso de inglês à noite, sem falar no namoro e na nova família que parecia ter encontrado. Quando chegava em casa, a fome era tamanha, que fazia aqueles pratos enormes. Isso era motivo de gozação por parte de meu futuro marido, nas oportunidades que tinha, durante a semana, de me ver jantando.

Outra lembrança engraçada dessa época diz respeito à primeira carta comercial que datilografei. Como ainda não existiam os computadores, as cópias eram feitas em papel carbono. Quando se errava alguma coisa, tinha-se que ir, página por página, com lápis borracha ou papel mágico para corrigir. Em minha santa ignorância com relação ao primeiro ofício, coloquei o papel carbono do lado errado e a cópia saiu no verso. Curtiram muito com a minha cara. Uma secretária que não sabia fazer uso de papel carbono. Um vexame, segundo as outras secretárias. No entanto, eu não estava nem aí para as críticas. Naqueles tempos via esta função apenas como um meio de ganhar uma grana ao final do mês, sem precisar depender de mesada, o que para mim era de extrema importância.

Minha vida parecia ter entrado nos trilhos e a coroação acontece com o casamento, aos 22 anos de idade.

De todos os meus sonhos e desejos de adolescente, um se destacava dos demais: queria me casar.

Nunca fui feia. Por outro lado, não era dona de um padrão de beleza que despertasse a atenção dos garotos, o que me deixava muito frustrada. Logo que entrei na adolescência, lá por volta dos catorze anos, passei a fazer parte de uma turma da Rua Viveiro de Castro, em Copacabana. Com muita relutância, meus pais permitiam que freqüentasse as festas que, na maioria das vezes, aconteciam na casa de uma das meninas, com a respectiva mãe sempre por perto. Justamente nessa época me descubro desengonçada. Alta, magra, me faltavam as pernas e o bumbum das outras garotas. Além disso, sentia dificuldade para me entrosar e não sabia fazer uso do jogo de sedução, que tanto parecia agradar aos rapazes. Julgava-me sem graça, sem charme e vivia me comparando. Em uma ocasião, cheguei até mesmo a imitar o vestido de uma delas, buscando causar o mesmo efeito. Carol, uma colega da Viveiro de Castro, ficou simplesmente um charme, com boa parte das pernas roliças de fora, enquanto eu, no mesmo modelo, me senti simplesmente ridícula. Ainda levei um bom tempo para descobrir que estava batendo na tecla errada. Meu tipo físico era outro. Vaidosa, saquei que jamais conseguiria fazer o gênero de minhas companheiras de turma. Decidi, então, optar pela elegância. Esta descoberta foi muito importante. Pelo menos fisicamente, havia me encontrado, deixando de querer ser o que não era.

Se aqui no Rio de Janeiro não conseguia obter o sucesso que desejava entre os rapazes, menos mal me saía quando ia de férias para Minas, onde não me faltavam pretendentes. De tantos que namorei, cheguei a pensar que meu destino seria casar com um mineiro. Até que, em uma de minhas férias, fiquei desconcertada com o comentário de um deles, com o qual dançava no momento. Disse-me não ver sentido no fato de uma mulher trabalhar fora. Se dependesse dele, não o permitiria. Na sua opinião, lugar de mulher era em casa. Tudo o que não queria para mim. Nesse dia decidi que jamais me casaria com uma pessoa de pensamento tão limitado, estabelecendo, a partir daí, um critério adicional para meu futuro marido: deveria ser alguém de mentalidade mais aberta, menos convencional. Feliz com meu primeiro emprego e com a agradável sensação de independência, não conseguia me imaginar sem trabalhar, sem ganhar meu próprio dinheiro. Além do mais, não queria seguir o destino de minha mãe, que sempre se lastimou por haver abandonado o magistério, empregando todo seu tempo e energia na farmácia, no cuidado com os filhos e na casa.

Quando Sandra, logo após a festa de 15 anos, obteve permissão de meus tios para namorar, descobri-me invejando-a. Também estava em busca de meu príncipe encantado, mas temia não encontrá-lo. Por esses tempos, a imagem que tinha de mim mesma já não era das melhores. Não me julgava boa o suficiente para que alguém quisesse se casar comigo. Além do mais, sentia um medo danado das pragas de tia Neném, uma das irmãs de minha mãe. Sempre implicou muito comigo e aproveitava todas as oportunidades para dizer que, a seu exemplo, jamais me casaria. Imagina a repercussão de suas palavras em minha cabeça adolescente, que sonhava tanto com o casamento.

Antonia, cujo apelido era Neném, por ser muito baixinha e miúda, foi, tal como D. Gemma, um obstáculo em minha infância e adolescência. Enquanto a segunda dificultava minha amizade com Flamínia, a primeira me fazia temer o futuro.

No sobrado da casa de meus avós, na rua principal de Manhuaçu, tia Neném abriu uma pequena loja onde vendia roupas femininas, compradas no centro da cidade do

Rio de Janeiro. Sempre que vinha ao Rio, ficava hospedada na casa de meus pais. Em uma dessas viagens conhece Rogério, português bonitão e solteiro, freguês assíduo da farmácia. Em pouco tempo, descobre-se apaixonada. Rogério, um homem vivido e mulherengo, como a ele se referia meu pai, tenta avançar o sinal. Minha tia, filha de tradicional família mineira, presa aos preconceitos e à opinião alheia, se recusa a ceder a seus caprichos. Rogério, não querendo assumir um compromisso mais formal, acaba se afastando da farmácia e de minha tia que, por sua vez, nunca perdoou minha mãe, atribuindo a ela a responsabilidade pelo afastamento de Rogério

A história de minha tia me acompanhou durante toda a adolescência. Não só pelas pragas que vivia me jogando, como também pela rápida mudança de valores que ocorreu por volta dos anos 60/70. A virgindade, até então um grande tabu, começa a ser encarada de maneira diferente. Os meios de comunicação, principalmente a televisão, com suas novelas, adotam um novo modelo de comportamento, incentivando um relacionamento homem-mulher mais aberto. Por essa época comecei a me questionar sobre os sentimentos de minha tia. Não teria sido melhor entregar-se?, perguntava-me. Mesmo que ele tivesse ido embora depois, como geralmente acontecia, pelo menos teria experimentado os prazeres do sexo. O que a teria levado a se preservar, se o amava tanto? Por que não ousara, não transgredira os padrões de comportamento da época? Por que não tomara as rédeas, o controle sobre a própria vida, o próprio corpo? Provavelmente o medo e o preconceito a paralisaram, impedindo-a de viver, com intensidade, o amor.

Como eram diferentes os costumes na década de 1970... Não me esqueço do quanto Sandra foi repreendida por minha tia ao deixar que Maninho (Emanuel) segurasse suas mãos, no início do namoro. Estávamos de férias em

Guarapari, no Espírito Santo. Essa descoberta leva tia Natalina a apressar nosso retorno para Manhuaçu. Eu mesma, apesar de carioca, vivendo num contexto mais liberal, de uma grande cidade, quantas foram as vezes em que idealizei o dia de meu casamento? Ficava imaginando como seria a lua-de-mel, a primeira noite, a camisola que usaria. No entanto, apesar da rígida educação que recebi, considerava simplesmente um absurdo não vir a usufruir de um relacionamento mais íntimo. Queria me casar, mas caso isto não viesse a acontecer, uma certeza possuía: não morreria virgem. Minha mãe ficou chocada quando, em uma de nossas discussões, manifestei meu ponto de vista. A experiência de minha tia havia me servido de lição. Em poucos anos o que lhe fora proibido começava a ser banalizado pelos meios de comunicação.

O namoro com Aires, ao contrário do que esperava, evolui. Aos poucos passo a admirá-lo. Sempre gostei de homens fortes. Ele o era em termos de tamanho, peso e personalidade. Sabia o que queria, sabia se posicionar e isso me encantava. Sentia fascínio por seu jeito confiante de ser. Não parecia se deixar intimidar por nada e por ninguém. Além disso, não pegava no meu pé. Dificilmente conseguiria me relacionar com uma pessoa muito ciumenta, que ficasse me controlando a distância. Não que fizesse nada de errado, mas sempre valorizei minha liberdade, a não-necessidade de ficar justificando onde ia e o que fazia. Em certos aspectos, a exemplo de Fla, tínhamos uma combinação perfeita. Um não prendia e nem limitava o outro. Talvez por isso tenha dado certo um namoro que começou por brincadeira, sem grandes pretensões.

Depois de algum tempo, Aires me propõe morarmos juntos. Não aceito. Formado em Engenharia de Telecomunicações, com um bom emprego, não existia, em minha cabeça, razão para não nos casarmos. Além disso, a educação que havia recebido de meus pais não me permitia ato tão ousado. Na ocasião, pensei comigo: e se não desse certo? Como me manteria com o salário de estagiária? Estava em meus planos pedir demissão da empresa japonesa para estagiar na área de Economia. Voltar para casa? Nem pensar. Seguindo esta linha de raciocínio, dei-lhe um ultimato: ou nos casávamos ou cada um seguiria seu caminho.

Encostado à parede, como até hoje se refere ao posicionamento que tomei, nos casamos um ano depois. Finalmente realizava meu grande sonho e me livrava de vez das pragas de tia Neném. Fomos morar em Ipanema, na Rua Visconde de Pirajá, bem próximo à minha sogra. Sentia-me feliz e orgulhosa. O que poderia querer mais? Um marido, uma família (a dele), lua-de-mel em Salvador, estágio em Economia, como desejava, na Companhia Vale do Rio Doce.

Da empresa japonesa, me despeço um pouco antes de casar. Foram muito legais comigo, do início ao fim. Meu chefe, em especial, além de me conceder o privilégio de continuar estudando na parte da manhã, ainda fazia vistas grossas por ocasião das provas na faculdade, quando precisava abrir um livro ou um caderno qualquer. Durante quase quatro anos buscou me convencer do quão importante era cozinhar. Sempre que chegavam livros de culinária, que encomendava para a esposa, fazia questão de me mostrar, supondo talvez que me deixaria influenciar pela beleza das gravuras, com as mais diversas e variadas iguarias. Ao me desligar da empresa, brinca uma vez mais comigo nesse sentido. Diz que sente por meu marido: não sabendo cozinhar, dificilmente seria uma boa esposa.

Os primeiros anos de casados, resguardadas as dificuldades iniciais de adaptação, foram tranqüilos. Trabalhávamos, estudávamos e, nos fins de semana, não tínhamos compromisso com nada e com ninguém. Acordávamos tarde, íamos à praia e lá nos deixávamos ficar até o sol se pôr. Morando em Ipanema há muitos anos, Aires conhecia bastante gente e fazia parte de uma turma que jogava vôlei na praia. Não nos faltavam amigos para sair e nos divertir.

Se a vida afetiva ia bem, a profissional, a partir do estágio, começa a mexer muito com minha cabeça. A insegurança no ambiente de trabalho é grande. Começo a me comparar a Marta, uma estagiária recém-admitida. Alegre e extrovertida, em pouco tempo torna-se amiga de todos. Tento imitá-la. Mais uma vez, sinto-me ridícula. Como é horrível e desagradável a sensação de tentarmos ser o que não somos! Quem já experimentou sabe perfeitamente bem do que estou falando. Soa falso. E a mim, me fez muito mal. Foram meses de tormento até compreender que não era este o caminho.

Por esses tempos começo também a me questionar sobre as razões que me levaram a optar por Economia. Não tenho ainda consciência, nesse momento, do quanto me deixei influenciar por meu irmão mais velho. Não que ele tenha me induzido nesse sentido. Porém, sendo meu ídolo e vendo como administrava com eficácia a farmácia, desejei, de certa forma, copiá-lo na vida profissional.

Na faculdade, chamam a minha atenção as aulas de Maria da Conceição Tavares. Não sou a única. Na maioria das vezes, o espaço da sala e do corredor são insuficientes para comportar os alunos que afluem de outros períodos, interessados em ouvi-la. Sinto-me completamente fascinada por seu conhecimento e pelo entusiasmo com que dá as aulas. Ela é diferente dos demais professores. Vibra com o que faz e quer compartilhar conosco seu saber. Porém, não é sua matéria que me atrai, mas seu entusiasmo, o brilho em seu olhar, a energia de sua fala. A vontade de aprender que sinto ao ouvi-la me impulsiona, mas não é suficiente para me fazer gostar de Economia. Suas aulas são a primeira sinalização de que estou no caminho errado. Invejo sua energia, a vida que sinto brotar de suas palavras. Mas fico só nisto. As evidências que começam a surgir não me levam a mudar de direção. Poderia tê-lo feito. Não me faltavam condições para isso. Aires ganhava bem e ainda não tínhamos filhos. Mas, infelizmente, não me dou permissão para parar, para repensar minha vida profissional. Além disso, às voltas com as descobertas da vida a dois, feliz com as conquistas, não tinha a mínima consciência do erro que estava cometendo e do quanto isto viria a me afetar no futuro.

Assim, o estágio na Companhia Vale do Rio Doce é o mais próximo que consigo chegar no exercício de minha profissão como Economista. No entanto, ao não obter a efetivação, me sinto perdida. Sem emprego e sem saber que direção seguir, penso em uma bolsa para o mestrado. Desisto em seguida. O bom senso me leva a concluir que não seriam mais alguns anos de estudo que me fariam gostar de Economia. Além disso, as lembranças do tempo em que havia trabalhado como secretária me aquecem a alma e me conduzem a buscar novamente emprego nessa função. Rapidamente consigo uma oportunidade para trabalhar com um Diretor da Companhia de Navegação Aliança, como secretária bilíngüe. Decido aceitar, sem nenhum remorso por estar jogando fora os anos de faculdade.

Por essa época começo também a sentir vontade de ser mãe. Ela nasce da convivência com uns vizinhos, pais de duas gêmeas. Eram simplesmente encantadoras. Como não nos apaixonarmos por elas? Louras, olhos azuis e expansivas, cativam-nos rapidamente. Tenho a impressão de que surgiram em meu caminho para que sentisse despertar em mim o desejo pela maternidade. Até então, nunca tivera a oportunidade de um contato mais próximo com crianças. Além disso, o fato de estarmos casados há quase quatro anos propiciava a vinda de filhos.

Sem o devido planejamento que sempre me foi peculiar, entre uma tabela e outra, pois há algum tempo não fazia mais uso de pílulas anticoncepcionais, me descubro grávida. Um misto de alegria e preocupação toma conta de mim. Acabara de conseguir um emprego. Como dizer na empresa que estava grávida? Logo nos primeiros meses de gravidez, perco o bebê em um aborto espontâneo. Um sentimento de vazio muito grande fica em seu lugar, aumentando ainda mais meu desejo por filhos. Não satisfeita também com o emprego obtido, aproveito para pedir demissão. Uma nova oportunidade me é oferecida na Esso Brasileira de Petróleo.

Trabalhando em uma empresa de grande porte, penso que é chegado o momento de ter meus filhos. Seis meses depois, conforme planejado, fico grávida de Marcelo. A gravidez é tranqüila, sem enjôos ou indisposições. Três anos mais à frente é a vez de Rafael, meu segundo e último filho. Logo após a licença-maternidade, sou demitida. Não é uma surpresa. Durante a gestação havia me aborrecido muito e, de certa forma, sabia que isto aconteceria. Não sinto tristeza. Há muito o ambiente de trabalho não vinha me agradando.

Alguns meses depois, começo a trabalhar na Xerox do Brasil S.A. Isto me deixa muito feliz. Aparentemente, é tudo que quero. Casada, dois filhos, penso investir em meu crescimento profissional. Em pouco tempo, consigo ser promovida. Mais à frente, uma nova promoção, levando-me a galgar a posição que desde o início havia almejado alcançar dentro da empresa. Porém, à medida que o tempo passa, começo a me dar conta de um grande vazio, de um buraco que parece se agigantar dentro de mim. Não sinto prazer, não sinto alegria. Não estou inteira, não estou presente em nada que faço, seja no trabalho, seja na vida pessoal. Olho à minha volta e não sei que direção seguir. A angústia aumenta e chega a um nível tão insuportável que decido buscar ajuda profissional. Dias antes de iniciar a terapia em grupo, sou demitida. Fico profundamente abalada, num primeiro momento. Aos poucos, começo a perceber que a Xerox havia cumprido seu papel, ao me permitir alcançar o que dela havia esperado. Um mês e meio depois, entro para aquele que virá a ser meu último emprego como secretária executiva. Minha derradeira tentativa de dar continuidade a um jeito antigo de ser.

Capítulo 4

"Em vez de perceber que é preciso
existir a morte para haver nascimento,
apenas lutamos contra o medo de morrer."

Pema Chödrön

Início do Fim

O que me leva a aceitar a proposta de emprego se desde o primeiro contato, no *hall* de entrada, estranho o ambiente que me parece sombrio e pouco acolhedor? O fato é que havia sido uma das selecionadas para secretariar a Diretoria de Fumo, transferida de Florianópolis para o Rio de Janeiro. Olhando para trás não me resta dúvida de que me empenhei bastante em obter essa colocação. A começar pelo teste de inglês, um dos mais difíceis que já havia feito até então, em um dia que, com uma gripe forte, estava me sentindo especialmente debilitada. Apesar da vontade de largar tudo e ir embora para casa, permaneci até o final, buscando dar o melhor de mim. Além disso, nas entrevistas, havia seguido algumas orientações obtidas em recente leitura.

Por essa época, o Dr. Lair Ribeiro, médico brasileiro radicado nos Estados Unidos da América desde 1976, vinha fazendo muito sucesso com seus livros e com as inúmeras palestras mundo afora. Já tinha lido algumas publicações suas e acabado de comprar outra quando, após ter passado nos testes, fui encaminhada para a fase final de seleção. Encontro nas páginas de Comunicação Global sinalizações preciosas.

Ao ser conduzida para falar com aquele que viria a ser meu futuro chefe, decido colocar em prática os recém-adquiridos ensinamentos, visando obter uma sintonia perfeita com o entrevistador. Esta perspectiva me atiça, me fornece a possibilidade de mudar, em parte, as regras do jogo. Procuro então observar, com bastante atenção, a pessoa que está me entrevistando. Fico atenta aos seus gestos, à sua postura, ao timbre de sua voz e à cadência de sua fala. Sem que perceba, após alguns minutos, passo a imitá-la, estabelecendo assim um agradável canal de comunicação. Em pouco tempo, estamos conversando de maneira espontânea e natural. O mesmo comportamento passo a adotar nas outras entrevistas. Sinto-me forte, poderosa, no comando da situação e, é claro, uma das vagas acaba sendo minha.

Como se não bastasse o empenho para ser selecionada, aceito a proposta que me é oferecida, num cargo inferior à posição que anteriormente ocupava na Xerox, com uma defasagem salarial em torno de 15%. Por que a pressa em voltar a trabalhar? Por que não me dar um tempo a fim de processar, ao menos, a demissão pela qual não esperava? Por que não usufruir os benefícios que me foram concedidos, como os salários adicionais por tempo de serviço e a recolocação no mercado de trabalho? São perguntas que ficam sem resposta.

Uma semana de treinamento na Unidade de Blumenau me leva a constatar que estava em um local exótico, bastante diferente de outros em que estivera no passado. De volta ao Rio de Janeiro, o perfil da empresa, de origem britânica, não me agrada. Nela existiam dois mundos distintos: o dos executivos e o dos mensalistas, no qual me encontrava. É claro que estava mais do que acostumada com a realidade das hierarquias, mas nunca antes havia sentido tamanha discriminação. No restaurante da empresa, as pessoas, como que dispostas em castas, não se misturavam. Com raras exceções, viam-se executivos sentados à mesa com mensalistas. Além do mais, esses últimos jamais eram avaliados. Para quê? Não tinham futuro mesmo. Ou, pelo menos, não ali. Esta constatação mexe profundamente comigo num primeiro momento.

Apesar das aparências iniciais em contrário, em pouco tempo me descubro no lugar certo. A Diretoria de Fumo, talvez por ter vindo do Sul e não estar ainda adaptada à realidade da matriz, revela-se um mundo à parte que, diga-se de passagem, muito me agrada. O ambiente de trabalho que encontro me permite ter acesso a um canal pessoal de trocas intenso e diversificado, no exato momento em que começo a passar por uma fase de profundos questionamentos.

O outro sempre desempenhou papel significativo em minha vida. Agora, porém, sua importância ganha uma dimensão maior, pois é através dele que começo a me perceber. Alguns dos *feedbacks* que recebo de minhas colegas de trabalho e de algumas pessoas do grupo terapêutico são difíceis de processar, mas, por outro lado, se revelam contribuições valiosas, à medida que me levam a rever uma série de conceitos e valores. A mudança de emprego, o início da terapia em grupo e as aulas de Biodanza são o pano de fundo necessário para que inicie, de fato, meu processo de autoconhecimento.

Um mundo de descobertas começa a me chegar. Elas servem de alento para prosseguir enquanto minhas certezas vão deixando de existir. Se, por um lado, não quero mais fazer uso de antigas posturas, por outro ainda não possuo bagagem suficiente para saber como me conduzir de maneira diferente. É o início de um caos interno, da falência de antigas estruturas e crenças. Começo a me perceber, a me flagrar, um milhão de vezes, em situações que passo a questionar. Não é fácil. Muitas vezes chega a ser doloroso, tamanho é o conflito que se estabelece dentro de mim.

Com o tempo, porém, é como se me tirassem uma venda dos olhos. A luz se faz presente depois de anos na escuridão. Começo, então, a experimentar um enorme sentimento de contentamento a cada nova conquista pessoal. Teria sido a fase áurea de minha vida se não estivesse, paralelamente, passando por um processo de esvaziamento profissional.

Ao mesmo tempo em que sinto uma enorme alegria por estar despertando em termos pessoais, a falta de entusiasmo profissional me angustia. Cada dia que passa fica mais difícil concentrar a atenção no trabalho a ser executado. Fisicamente me faço presente, mas minha alma parece estar longe, vagando não sei bem por onde. Lembrome de uma carta que digitei nos primeiros meses de empresa. Ao lê-la, em vez de chamar a minha atenção, meu chefe veio em minha direção rindo. Era tão absurdo o que tinha escrito no final de um dos parágrafos, que não lhe restou outra alternativa a não ser rir e me perguntar de onde tinha tirado aquilo. Eu mesma não consegui entender. Disfarcei e respondi qualquer coisa, mas este fato me deixou intrigada, pois nunca tinha me acontecido algo parecido. O que estaria se passando comigo? Era o início do fim. Esta foi a primeira de inúmeras outras vezes, ao longo dos anos em que ali trabalhei, que cometi erros e que não consegui entender a razão para estar me saindo tão mal no exercício de minha função.

A dificultar ainda minha vida, ao contrário de tempos passados, não consigo mais alimentar nenhum tipo de ambição profissional. Isto também é outro fator gerador de angústia. Até então, fora movida por objetivos concretos. Propunha metas a mim mesma e as alcançava. Agora, no entanto, não sei mais o que almejo em termos profissionais. Apenas sinto que alguma coisa importante e muito diferente começa a se processar dentro de mim.

O primeiro sintoma real de mudança acontece quando decido me afastar de uma colega de trabalho, hierarquicamente superior a mim e com uma significativa influência em minha diretoria. Há tempos vinha estranhando seu comportamento e, num determinado momento, compreendo que não temos mais nada em comum. Desde o início estranho seu alto padrão de vida, não condizente com o cargo que ocupa, mesmo sendo muito bem remunerada e antiga na empresa. Além do mais, começo a perceber que tem o hábito de manipular as pessoas, utilizando-se de sua posição, do cargo de confiança que ocupa, de sua bela aparência. Não é uma ruptura fácil. Havíamos nos tornado confidentes uma da outra e adquirido o hábito de freqüentar as respectivas casas. Tenho consciência do quanto este afastamento pode me prejudicar em termos profissionais, numa fase de transição do departamento, de mudanças significativas na diretoria, que abriam para mim perspectivas de crescimento. Apesar disso, decido seguir em frente, obedecendo apenas ao meu coração. As conseqüências de minha atitude não se fazem esperar muito tempo. Perco, com isto, uma oportunidade de promoção. Um baque, sem sombra de dúvida. Por outro lado, o reconhecimento do quanto o processo terapêutico vinha me ajudando a mudar.

A impressão que tenho é a de que sou, ao mesmo tempo, duas pessoas completamente diferentes. Uma se penaliza pela não promoção. Outra se gratifica por ter se ouvido. Entre as duas, me divido. Porém, no cômputo geral, sou obrigada a reconhecer que o saldo é positivo. Afinal de contas, não vinha buscando me encontrar, descobrir quem era, o que queria? Como fazê-lo sem me escutar, sem respeitar meus verdadeiros sentimentos? Para que continuar pagando terapia se na hora de mudar recuava, permanecendo a mesma pessoa, agindo de fora para dentro, baseada apenas na razão?

Mais à frente, uma nova experiência. Assim que entro para a empresa, sou apresentada a uma alta executiva. Percebo logo ser o tipo de pessoa com a qual não gostaria de vir a trabalhar. Num momento em que meus valores estão mudando, enxergo nela posturas que passo a repudiar. No entanto, por alguma razão, alguns anos depois, o destino nos coloca frente a frente. A rejeição inicial se torna ainda maior na medida em que a convivência diária se faz necessária. Tudo em sua pessoa me parece falso. Seus gestos teatrais, a maneira diferenciada como trata uns e outros, o retrato do marido e dos filhos espalhados pela sala. Em termos pessoais, apesar de não me dizer respeito, me é difícil entender por que uma mulher casada, mãe de dois filhos adotivos, como vim a saber posteriormente, passava noites em claro na empresa. Não tenho certeza sobre a veracidade desses fatos. É o que se comentava à época, antes de trabalhar diretamente com ela: "Fulana não foi para casa ontem, ainda está com a mesma roupa." A faxineira, no dia seguinte, por sua vez, reclamava da lixeira entupida, com lixo por toda a extensão de sua mesa, evidenciando a noite de trabalho. Quando em casa, era de praxe enviar a seus funcionários *e-mails* com o registro de altas horas da madrugada. Pensava com meus botões: seria mesmo necessário tudo isso para se chegar àquela posição e se manter nela? Não existiria um outro caminho? Como ficariam marido e filhos? Será que valia a pena? Minha imaginação corria solta e, em determinado momento, não dava mais para evitar as comparações. Eu, também casada e mãe de dois filhos, tinha que me desdobrar em mil para dar conta das atividades de mulher, mãe, dona-de-casa e profissional, saindo no horário. Imagina ela, que nem horário tinha! Que tempo dispunha para compartilhar a vida em família, os prazeres do sexo, a atenção requerida pelos filhos? Por que adotá-los, se não dispunha de um tempo mínimo para eles?, perguntava-me.

A executiva de quem falo representava o poder, o *status* maior que uma mulher já havia alcançado na empresa em que trabalhava. Reconhecia que não devia ter sido nada fácil para ela chegar àquela posição. Imaginava os obstáculos enfrentados para vencer a barreira do preconceito e do machismo reinante. Porém, ao contrário dos outros, mesmo daqueles que dela falavam pelas costas, não conseguia admirá-la em hipótese nenhuma. Em sua sala, tudo parecia estar em seu lugar, mas nada daquilo me convencia. Até aí, tudo bem. Eu não tinha absolutamente nada com isso. Esta história teria terminado ali se o cerco não estivesse, por esses tempos, se fechando à minha volta, levando-me a trabalhar diretamente com ela. Parece que a vida estava me colocando à prova, numa espécie de confronto, para checar até que ponto eu realmente havia mudado ou estava disposta a mudar.

O que fazer para evitar a rejeição que só fazia aumentar? Como participar de um jogo que cada dia menos me atraía? Os valores adquiridos na busca do autoconhecimento e na descoberta da espiritualidade afloram fortes. Não consigo fingir o que não sinto e fazer o que não quero, apesar de saber que, numa previsível queda de braços, sairia perdendo. Sinto medo. Não quero perder o emprego. Por outro lado, não o julgo importante o suficiente para me fazer abrir mão das mudanças que vinham se processando dentro de mim. Conforme previra em minha primeira consulta terapêutica, iniciara um caminho sem volta. O caminho da autotransformação.

Anos depois, encontro nas páginas de um livro a descrição perfeita para o momento que vivi neste último emprego como secretária executiva. Mesmo sem saber, talvez por instinto, fiz o que precisava ser feito, ou seja, nada.

Um ciclo estava chegando ao fim. A falta de energia que vinha sentindo significava que havia perdido o rumo. E, ao invés de correr para arrumar tudo de novo, buscando um novo emprego, simplesmente me deixei ficar.

> "*Quando os lobos pressentem prazer ou perigo, a princípio eles ficam totalmente imóveis. Ficam parados como estátuas, em total concentração para poderem ver, ouvir, perceber exatamente o que está ali, perceber o que está ali na sua forma mais essencial.*"
>
> Clarissa Pinkola Estés – *Mulheres que Correm com os Lobos* – Editora Rocco – p. 415.

Hoje compreendo como o compromisso com a mudança atuou na percepção que tinha da vida, das pessoas, dos valores. Em alguns aspectos, os que penso serem os mais importantes, adquiri vida. Comecei a sentir uma alegria verdadeira, um encantamento com os acontecimentos mais simples de meu dia-a-dia. A felicidade se fazia presente à medida que me descobria em paz comigo mesma. Que sensação maravilhosa e inebriante!

Sem que perceba, começo a refletir em meu comportamento este novo estado de ânimo. Não consigo mais reprimir a risada gostosa, a satisfação interior com as conquistas pessoais. Aos poucos vou me soltando, tomando posse de mim, libertando-me de uma série de condicionamentos e posturas. Isto, de certa forma, passa a incomodar algumas pessoas. Por outro lado, a falta de energia e de entusiasmo com meu trabalho sinaliza o fim, a morte gradativa de um jeito antigo de ser.

Uma série de incidentes profissionais começa a acontecer no final do ano de 1998. Estou tão farta de tudo e de todos que não consigo mais me conter. Antes de sair de férias, me desentendo com uma companheira de trabalho. Por que me aborreço tanto com seu comportamento? Afinal de contas, para sobreviver naquele ambiente, havia me proposto, desde o início, a passar por cima de suas esquisitices. Não estava por acaso acostumada com suas mentiras, com seus fricotes, com suas crises? Então, o que me levara a confrontá-la agora? Não sei responder a esta pergunta, que me é feita por uma colega comum. Ao retornar das férias, encontro um ambiente tenso. Sinto alguma coisa estranha no ar. Os acontecimentos se precipitam. O Natal, sempre alegre e festejado, deixa de ser comemorado.

No dia 19 de novembro, num rompante, decido cobrar minha avaliação, solicitada anteriormente a um de meus superiores. É outro comportamento meu que não consigo entender. Para que ser avaliada? Já não sabia que não servia para nada? O que estava buscando? O que esperava ouvir? Até hoje não sei o que me levou a fazê-lo. O resultado, contudo, é que importa. O que ouço me deixa em estado de choque. De quem menos espero, escuto que devo deixar de ser eu mesma. Que meu temperamento alegre e espontâneo não é adequado. Que devo policiar minhas atitudes. Sou ainda comparada a duas colegas que deveriam me servir de exemplo. Passado o susto, olho no olho, faço questão de esticar a conversa, com o intuito de saber um pouco mais. Com esta experiência, posso avaliar a quantas anda minha auto-estima. Em momento nenhum me sinto desqualificada, muito ao contrário. No entanto, sou obrigada a reconhecer que não me enquadro mais nos padrões comportamentais da empresa. Nem desta e nem de nenhuma outra, como viria a descobrir alguns meses mais tarde. Ainda não tenho, nesse momento, consciência do quanto havia mudado.

Na primeira semana de janeiro sou demitida. Não poderia imaginar que o comentário feito a meu marido, no último dia do ano, se concretizaria tão rápido. Na ocasião, expressei meu descontentamento com a empresa e o sentimento de que não terminaria o próximo ano trabalhando nela. Na verdade, quando fiz este comentário, não pensava em pedir demissão e muito menos em ser demitida. Apenas pressentia que alguma coisa estava se fechando dentro de mim.

No dia 8 de janeiro de 1999, na primeira sexta-feira do ano, recebo um envelope que deveria ser entregue a meu superior imediato. Como de praxe, abro e leio seu conteúdo. É minha demissão. Apesar de surpresa, sinto-me aliviada. Compreendo que havia chegado a hora de deixar para trás ambiente e pessoas que foram, de certa forma, importantes para mim, importantes para o meu processo de buscas.

Capítulo 5

"A experiência interior de Deus
é a mais extraordinária de todas
porque contém em si todas as
experiências que se possam desejar."

Eva Pierrakos

O Contato Real

Na primeira semana após a demissão, decido colocar em prática um desejo antigo. Sempre invejei as pessoas que podiam caminhar antes de iniciar seu dia de trabalho. Não deixaria escapar, agora, esta inesperada oportunidade. Assim, no dia 13 de janeiro de 1999, numa linda e ensolarada quarta-feira de verão, inicio minha caminhada.

Ainda não são oito horas, mas o calor e a energia da manhã mexem comigo, com meus sentidos. Olho à minha volta e agradeço por tanta beleza. Penso no privilégio de poder usufruir a paisagem maravilhosa, o céu azul, sem nenhuma nuvem, as águas tranqüilas da Lagoa Rodrigo de Freitas e seu fantástico contorno. Em frente ao Clube Caiçaras uma imponente garça atravessa a pista, aparentemente alheia às pessoas que por ela passam. À minha frente, como pano de fundo, o Morro Dois Irmãos e o Cristo Redentor.

Enquanto caminho, me deixo levar pelos pensamentos e por uma inebriante sensação de bem-estar. Aos poucos, sem que me dê conta, uma sucessão de imagens me faz entrar em contato com uma nova realidade. Vejo-me escrevendo um livro sobre Deus. Estaria na comunicação minha expressão maior, meu tão almejado propósito de vida. Daria palestras, participaria de debates e *workshops* e encontraria minha verdadeira turma: pessoas que se identificariam comigo, com meu processo de buscas. Vejo-me interagindo com um público diferente, numa troca rica de possibilidades.

Esta experiência me deixa em estado de graça. Sinto um entusiasmo e uma alegria nunca antes experimentados – a sensação indescritível de ter feito contato com Deus. Os pouco mais de sete quilômetros da Lagoa não são suficientes para dar conta da excitação que toma conta de mim ao ver as coisas sob uma nova luz. Meu corpo e minha mente ficam energizados e sinto necessidade de ir até a praia. Caminho como se estivesse levitando. Tudo, de repente, me parece maior, de uma beleza e um sentido inexplicáveis. O contato com a areia, o azul do céu e do mar e o calor do sol intensificam ainda mais a maravilhosa sensação de bem-estar. Se pudesse reter aquele momento, ele jamais acabaria.

Na parte da tarde dessa mesma quarta-feira, tenho uma consulta astrológica marcada. Duas tentativas frustradas no passado tornaram-me completamente cética a respeito deste tipo de trabalho. Uma delas, inclusive, com renomada astróloga, sempre em capa de revistas. Apesar disso, ante a firme insistência de uma colega, deixo-me sucumbir e marco, com bastante antecedência, uma hora para a segunda semana de janeiro, mais precisamente, para o dia de minha segunda e mais intensa experiência de Deus.

Chego a meu compromisso vespertino ainda inebriada pela magia dos acontecimentos recentes. Desconfiada, no entanto, decido não tecer nenhum tipo de comentário sobre o que havia me ocorrido na parte da manhã. Não quero, de maneira nenhuma, ser responsável por qualquer tipo de indução, muito ao contrário, sinto-me especialmente inclinada a ouvir, como que pressentindo algo de novo e de extrema importância. Pouco tempo me é necessário para constatar que as surpresas do dia ainda não haviam terminado. Na leitura do mapa astral encontro a descrição precisa do que vinha me acontecendo nos últimos tempos: os aborrecimentos no trabalho, a demissão, a falta de energia. Mais importantes ainda são as revelações de meu mapa natal. Em alguns aspectos, elas me surpreendem. Falam de uma mulher que desconheço: forte, independente, rebelde, que vai fazer as coisas do seu jeito, de maneira não convencional. Ao sair, trago comigo três fitas gravadas que serão ouvidas inúmeras vezes. Elas contêm informações preciosas, que se provarão verdadeiras, com o passar do tempo.

Em um mesmo dia, canais diferentes me trouxeram sinalizações importantes de um novo caminho a ser percorrido. O *insight*, as palavras da astróloga, os acertos de sua fala quando, no passado, outras falharam. Seria tudo uma mera coincidência? Sei, internamente, que o meu *insight* é verdadeiro. Sinto no meu corpo que ele é correto.

No entanto, poucos dias depois, passo a duvidar de tudo que havia vivenciado. É verdade que há algum tempo vinha sentindo necessidade de me expressar e compartilhar com outras pessoas as descobertas que vinha fazendo. Mas daí a virar escritora, era muito diferente. Chego à conclusão de que talvez tenha me deixado influenciar por um dos últimos livros que havia lido. Falava sobre a experiência de um homem que, após ter conversado com Deus, descobrira na escrita seu objetivo de vida. A verdade, porém, é que ainda não estava preparada para mudar de rumo. Caso contrário, não teria sofrido e me angustiado tanto naquele que para mim foi o mais difícil ano de toda minha vida.

> *"Quanto maior a necessidade de mudança e quanto maior a resistência a ela, mais dolorosa é a crise"*
>
> Eva Pierrakos – *O Caminho da Autotransformação* – Editora Cultrix – p. 161.

Após um mês de férias, decido buscar um novo emprego. Nas entrevistas, não consigo entender o que está se passando comigo. Apesar de o ano de 1999 estar se revelando preocupante, com a primeira desvalorização do real e o temor de volta da inflação, várias são as oportunidades de trabalho que me são oferecidas. Por que não consigo abraçar nenhuma delas? A resistência em encarar a verdade é tão grande, que preciso de um tempo para processar o que vem me acontecendo. Minha falta de interesse é tamanha, que se torna visível a qualquer empregador. Num momento de incertezas da economia brasileira, quem apostaria em alguém desprovido de entusiasmo e energia?

Além de não conseguir obter nenhuma colocação, todos os meus movimentos se revelam infrutíferos. Logo após a demissão, sem passar por minha cabeça a possibilidade de não vir mais a trabalhar como secretária executiva, decido comprar um apartamento maior. Há anos vinha guardando algumas economias com este objetivo. Então, com tempo, dinheiro e a venda do imóvel em que morava, para o qual já havia encontrado um comprador, julgava ser o momento adequado. Não poderia imaginar que encontraria uma série inexplicável de dificuldades a cada tentativa (foram três) de assinar uma escritura de compra e venda. Na hora "H", um imprevisto, como que saindo do nada, acontecia.

Como se não bastassem as tentativas sem êxito em busca de um novo emprego e um novo apartamento, outro acontecimento me deixa bastante abalada.

Nas primeiras semanas de janeiro Alberto informa ao grupo terapêutico que exames recentes haviam revelado que ele precisava se submeter a uma nova cirurgia. O aneurisma na aorta sofrido há alguns anos exigia-lhe, no presente, maiores cuidados. Em abril de 1999 participo de minha última sessão de terapia. Não poderia imaginar que não voltaria mais a ver meu querido mestre com vida. Sinto uma vontade enorme de abraçá-lo, mas me contenho. Temo manifestar apreensão. Na saída, dou-lhe um afetuoso beijo no rosto, desejando que não venhamos a nos afastar por muito tempo.

Como era especial o carinho que sentia por Alberto... Como um pai, me deu a mão e me ajudou, com sua experiência profissional e, principalmente, com seu amor à função que exercia, a vencer medos e limitações na busca do autoconhecimento. Confiava plenamente nele, em sua expertise e isso, num trabalho terapêutico, é de fundamental importância.

Com a internação de Alberto, meu mundo parece desabar. A noite escura dos místicos é este período de colapso de antigas estruturas. De repente, me encontro sem emprego, sem as colegas de trabalho, sem a terapia e sem nenhum tipo de troca pessoal com a qual me acostumara nos últimos anos. Além disso, me sinto confusa e dividida ante cada nova proposta de trabalho. Ao mesmo tempo em que anseio por uma recolocação profissional, chego a chorar antes de sair para algumas entrevistas, com medo de ser aprovada e precisar começar tudo de novo.

Durante seis meses, brigo comigo mesma. No dia 14 de julho de 1999, tenho um novo *insight*. Desta vez com mais riqueza de detalhes. A exemplo do primeiro, me vejo escrevendo um livro e alcançando a tão almejada realização profissional. Através da escrita encontraria um público que, com sua receptividade, me levaria a continuar escrevendo. Conseguiria dar voz a meus sentimentos, a minha expressão maior. Isso ampliaria meu horizonte e me conduziria a projetos ainda maiores. Fundaria uma associação, com um grupo de profissionais de outras áreas que, assim como eu, trabalhariam com prazer, incentivando as pessoas a buscarem o autoconhecimento e a espiritualidade. Forneceríamos o apoio necessário para que passassem a viver mais em paz consigo mesmas e com a realidade à sua volta.

A sensação de bem-estar e a alegria tomam conta de mim novamente. À exceção do dia em que meus filhos nasceram, jamais experimentei tamanha emoção. Parece que Deus está decidido a me dar uma segunda chance. Tendo observado ser eu uma cabeça dura, resistente às sinalizações divinas, decide por se fazer presente mais uma vez. Quem sabe assim eu passaria a acreditar?

Com o segundo *insight* sinto ter ganhado minha carta de alforria, a liberdade para ir ao encontro de meu propósito de vida. Como se não bastasse isso, uma informação adicional me leva a perceber o quão cruel vinha sendo comigo mesma.

O resultado de exames oftalmológicos recentes indica que a retinose, até então sob controle, havia evoluído. Ao ler o laudo médico, tenho a impressão de que o chão me falta sob os pés. Isso significa que a cirurgia realizada em Cuba não havia detido o processo degenerativo da doença, frustrando, com isso, minha grande esperança. Aceitara a retinose, a limitação que ela me impunha, mas confiava que não viria a perder o pouco de visão que ainda me restava... E agora, esse resultado. Não sei como consigo chegar em casa. A realidade me parece tão cruel que penso ser impossível continuar vivendo. O que seria de mim, de meu futuro, de meus ideais de vida? Choro, me desespero, converso com meus filhos e com meu marido. Decido ligar para o médico e falar de minha angústia. Ele me acalma, dizendo que o exame de campo visual é muito subjetivo. O emocional poderia ter influenciado o resultado final. Desligo um pouco mais calma. O pânico ante o resultado dos exames é o que me faltava para acordar de uma vez por todas. Ele me leva a questionar a vida que vinha levando, o que vinha fazendo comigo nos últimos meses. De repente, tudo fica claro.

Quanto desgaste! Para quê? Comprar um apartamento maior, gastando todos os meus recursos. Eram economias de anos somadas a uma pequena herança que minha mãe me deixara ao falecer. Além do mais, vinha me sentindo completamente sozinha nesta empreitada. Quando encontrava algum imóvel que julgava conveniente, meu marido e meus filhos só apontavam defeitos, não parecendo nem um pouco interessados em colaborar. Atender ao nível de exigência deles significaria me desfazer de quase todo meu patrimônio. E, como conseqüência, precisaria voltar a trabalhar. Não teria mais como arcar, ao menos, com minhas próprias despesas. Compreendo, então, a loucura que estava para cometer.

Com relação à busca por uma nova colocação profissional, os sintomas eram evidentes havia tempos, só eu não os queria enxergar: o fraco desempenho profissional em meu último emprego, a falta de entusiasmo, de objetivos e, por fim, o sentimento de morte ante a pergunta de Alberto na última sessão de 1998.

Lembro que estávamos sentados quando nos foi sugerido um rápido *feedback*. Cada um de nós deveria falar sobre as conquistas efetuadas durante o ano e os objetivos futuros. Quando chegou minha vez, comentei que me faltava apenas a realização profissional. Alberto me pergunta o que faria caso isto não viesse a acontecer. Vi-me, então, trabalhando como secretária até obter a aposentadoria. Essa visualização não poderia ter efeito mais devastador do que aquele que provocou em mim, em meus sentidos, em meu corpo físico. A sensação de mal-estar foi tão grande, foi tão intensa, que precisei de dias para processá-la.

Depois de muita dor, de muita angústia, de muito sofrimento, a luz se faz presente. Finalmente consigo tomar a decisão que julgo ter sido a mais corajosa e difícil de toda minha vida.

De certa forma, sou grata ao resultado dos exames oftalmológicos. O choque me fez despertar. Decido suspender a compra do apartamento e não voltar mais a trabalhar em minha antiga função.

Começo a perceber a ironia do destino. O dinheiro que guardara, pensando servir para a compra de um apartamento maior, seria minha base de sustentação. Sempre fui uma mulher independente. Não tendo mais nenhuma fonte de renda, poderia usufruir, agora, de minhas economias na busca da concretização de meu propósito de vida.

Compreendo também que, apesar de vir me conscientizando há algum tempo de que "entre o céu e a terra existe muito mais do que pode supor nossa vã filosofia", como apregoava Shakespeare, ainda não sabia identificar as sinalizações. Daí a sensação de estar remando contra a maré, o fracasso de minhas últimas tentativas. Percebo claramente a existência de uma força maior, que busca nos direcionar. Quando estamos atentos a ela, erramos menos e, conseqüentemente, sofremos menos. Mas, infelizmente, fomos educados a não prestar muita atenção a coisas surpreendentes que acontecem e para as quais não há explicação lógica. O primeiro semestre do ano de 1999 é um exemplo vivo de minha dificuldade e resistência em enxergar as sinalizações.

Uma outra surpresa ainda me aguarda. Durante a internação de Alberto, não passa pela minha cabeça a possibilidade de não vê-lo novamente. Tão forte e cheio de vida, guardo a esperança de que sobreviverá a mais esse desafio. A cirurgia em São Paulo, porém, revela que seu quadro de saúde é preocupante, exigindo maiores cuidados. De longe, acompanho o que espero ser seu restabelecimento. Mas, infelizmente, isso não acontece. Depois de três meses de muitos sofrimentos, Alberto vem a falecer. De repente, a doutrina espírita cai por água abaixo. Sofro, choro, sinto profundamente a morte de meu querido mestre. Sei que ele, assim como eu, estava apenas de passagem nesse plano terrestre, mas isso em nada alivia a dor, a constatação de não mais poder usufruir de sua companhia. É triste demais perder pessoas queridas e tão importantes em determinadas fases de nossas vidas. Decido não ir ao seu enterro. Quero guardar comigo a imagem primeira, aquela que me fez vencer o preconceito na busca do autoconhecimento.

Na missa de sétimo dia encontro Arlete, ex-assistente de Alberto, que há algum tempo não via. Conversa vai, conversa vem, manifesto-lhe a intenção de escrever um livro. Estranho a mim mesma, pois geralmente sou reservada e não tenho o hábito de comentar meus objetivos. Arlete, no entanto, não manifesta nenhum tipo de estranheza. Diz que está em vias de realizar um sonho antigo: uma entrevista com o nosso, agora saudoso, Barbosa Lima Sobrinho e me pergunta se não gostaria de participar. Em qualquer outra época de minha vida a resposta provavelmente seria não. Prática e objetiva como sempre fui, não veria uma razão lógica para fazer parte dessa entrevista, apesar de admirá-lo. Porém, depois de tudo que havia passado nos últimos meses, estou mais atenta e não deixo escapar esta que julgo uma nova sinalização. Além disso, me lembro também do conselho que me foi dado por ocasião da consulta astrológica. Deveria me abrir para as oportunidades que apareceriam em minha vida.

Ficaria frente a frente com tão ilustre acadêmico, escritor e defensor sincero dos interesses nacionais, foco de minha profunda admiração. *Estranha coincidência*, penso comigo, poucos dias após o segundo *insight*. Será possível que, mesmo após a morte, Alberto continuaria me ajudando? Aceito o convite e respiro fundo. Sinto no ar da igreja uma energia muito grande. Apesar da tristeza no semblante de todas as pessoas que foram assistir à missa de sétimo dia, uma cumplicidade parece nos unir.

Saio pensando na transitoriedade da vida, em como tudo é passageiro. Tudo passa. Passam as alegrias, as dificuldades, as pessoas, e nós também passamos. Talvez rápido demais, sem nos determos no que realmente importa. Penso também nas pessoas que deixo para trás. Durante um bom tempo fizeram parte de minha vida, mas até isso parece ter chegado ao fim. Cada uma deveria seguir seu próprio caminho. Em algum momento, Alberto foi o canalizador de interesses comuns. Agora, não mais. Havia cumprido sua missão. Merecia descansar em paz.

A impressão que tenho, diante dos acontecimentos, é a de que estou indo em uma direção completamente desconhecida. Ao mesmo tempo em que este sentimento me revigora, ante a possibilidade de descobrir e experimentar o inusitado da vida, ele me dá medo. Como num mar revolto, me sinto levar por uma onda gigantesca, sem uma bóia sequer em que me apoiar.

Minutos antes da entrevista com Barbosa Lima Sobrinho, me descubro ansiosa e insegura. Teria coragem de lhe fazer a pergunta que desejava? Na presença desse senhor de cento e um anos e meio, como ele próprio faz questão de nos dizer, percebo-me magnetizada por sua maneira simples e eloqüente de falar. O peso da idade em nada parece influir no entusiasmo com que responde às perguntas de Arlete. *Que maravilha é o conhecimento, o dom da informação*, penso comigo, em puro êxtase. Encorajada por seu jeito afável e receptivo, não hesito em me colocar. Pergunto-lhe que conselho daria a quem está pensando em escrever seu primeiro livro. Responde que é de fundamental importância ser verdadeiro e possuir profundo conhecimento sobre o que se propõe a escrever. Saio da entrevista confusa. Que profundo conhecimento tenho eu? Desanimada, penso em desistir. No entanto, a perguntinha continua, por dias, martelando minha cabeça. Que profundo conhecimento tenho eu? Ao encontrar a resposta, encontro também a sinalização que me faltava. Escreveria minha autobiografia. Que maior conhecimento tenho eu que o de minha própria experiência de vida? Mas, e Deus? Deus estaria presente em cada letra, em cada linha, na materialização de meu livro. A força, a luz a me direcionar no caminho a ser percorrido.

Sinto-me tão forte e poderosa com esta descoberta, que tudo me parece simples, uma mera questão de detalhes.

Capítulo 6

"Dar um salto no vazio é abandonar aquilo que conhecemos para ir em direção do desconhecido da vida."

Anne Fraisse – Fonte de Fogo

Um Novo Caminho

Entusiasmada, arregaço as mangas e vou em busca de meu recém-descoberto propósito de vida. O primeiro passo é a compra das ferramentas necessárias à consecução de minha obra: computador e impressora. Decido, também, após colher algumas informações, ligar para a Estação das Letras – um curso que ministra aulas específicas para quem está interessado em desenvolver a escrita.

No primeiro dia de aula, me sinto um pouco perdida. Percebo que a maior parte das pessoas presentes já está, de certa forma, familiarizada com esse universo ainda novo para mim. Por instantes, chego a duvidar de meu objetivo, mas, determinada, me proponho a prosseguir.

Durante o aprendizado, que na sua maior parte era feito em cima de contos escritos pelos alunos e distribuídos entre os demais para leitura, compreendo que, apesar de escrever razoavelmente bem, não estou madura o suficiente para trazer para o papel minha experiência de vida. Os comentários do professor e de alguns colegas apontam para uma necessidade específica a ser desenvolvida. Descubro, assim, que escrever não é somente uma questão de me sentar em frente ao computador e digitar, como havia inicialmente imaginado. Ainda me falta uma variável de fundamental importância que curso nenhum me daria, a não ser a vida e a determinação de vencer mais esta limitação.

Como num jogo de quebra-cabeça, as peças começam a se encaixar. Vêm-me à lembrança as inúmeras vezes em que Alberto me incitara a fazer contato com meus verdadeiros sentimentos. Naquela época, contudo, não conseguia alcançar o significado do que ele buscava me ensinar, tão longe estava da percepção de mim, de meus reais valores. Quantas foram as vezes em que, ao lhe responder que não havia entendido alguma colocação sua ou do grupo, me retornava dizendo que não era questão de entender, mas de sentir.

"No meio do caminho tinha uma pedra
tinha um pedra no meio do caminho
tinha uma pedra
no meio do caminho tinha uma pedra."

De repente, a conscientização. A poesia de Drummond, aprendida nos bancos escolares, me vem à lembrança. Queria trabalhar, ansiava por produzir, por realizar algo que me entusiasmasse, mas, para isso, precisava primeiro vencer a mim mesma. Vencer as defesas mais profundas que havia criado em relação à vida, em relação às pessoas. A pedra em meu caminho está no sentir, está na dificuldade de entrar em contato com meus verdadeiros sentimentos. Por instantes, esta descoberta me deixa desanimada. O horizonte, que parecera próximo após os dois *insights*, revela-se distante. Percebo o quanto ainda teria que caminhar antes de começar a desenvolver meu projeto pessoal.

Sinto vontade de desistir. Mas não posso. Compreendo que os *insights* são fruto de meu processo de buscas, das condições que estabeleci para permitir o acesso a uma energia vital que antes não se encontrava disponível para mim. São a resposta a uma vontade antiga, a uma vontade de me realizar profissionalmente. São ainda a resposta a uma pergunta. Há anos me questionava sobre a possibilidade de também possuir um dom. Agora que o caminho me havia sido mostrado, desistiria ante as dificuldades? Deixaria que essa pedra em meu caminho me impedisse de caminhar?

Decidida a continuar em meu processo de buscas, descubro, em poucos meses, que um novo tempo se abre à minha frente. Um tempo precioso, de me voltar para dentro, de balanço. Um tempo de sentir, em vez de falar. Já havia falado demais. Chegara a hora de ficar sozinha comigo mesma, de assentar a poeira de todos os acontecimentos recentes e dos conhecimentos que vinha adquirindo desde que iniciara o processo terapêutico. Precisava me ouvir, me escutar, fazer contato comigo mesma, com a minha essência.

A cirurgia de Alberto e seu posterior falecimento me levam a entender que nem mesmo as sessões de terapia me ajudariam. Como falar de espiritualidade no grupo terapêutico? Como explicar minha experiência de Deus? As decisões tomadas a partir daí? Não suportaria enxergar nenhuma espécie de ceticismo no olhar de meus companheiros de grupo num momento em que ainda não me sinto segura, em que ainda não me sinto forte o suficiente para defender minhas crenças. E quanto a Alberto? Entenderia ele? Nunca havíamos abordado esse tipo de assunto.

Se nem mesmo em meu grupo terapêutico me sentiria à vontade para falar da experiência que vinha vivenciando, imagine com outras pessoas? Nos encontros ocasionais e sociais ficava me imaginando em mil respostas para as supostas perguntas que poderiam vir a me fazer. No fundo, me sentia inferior por não estar trabalhando, por não estar desenvolvendo uma atividade produtiva. Sentia-me sem referencial, como se tivesse perdido meu valor enquanto ser humano. Afinal de contas, desde a adolescência, me habituara a ter uma agenda cheia de compromissos e responsabilidades. Daí a dificuldade para relaxar e a necessidade de ficar me justificando o tempo todo perante os outros, mas, principalmente, perante a mim mesma, na tentativa de me convencer de que estava no caminho certo.

E nas reuniões familiares? Como explicar minha decisão de não mais voltar a trabalhar como secretária, de não mais voltar ao mercado de trabalho? Como fazê-lo sem me expor, sem revelar minhas intenções? Muitas foram as vezes em que saí desses encontros com uma desagradável sensação de vazio. Nos primeiros tempos, me incomodava o fato de não ter nada a acrescentar em termos materiais. Isso me levou a perceber o quanto ainda estava apegada a esses valores. Minhas conquistas vinham se fazendo em outra esfera. Esta, porém, não costumava ser valorizada pelos outros. Então, o melhor mesmo a fazer era me calar. Com o tempo, aprendo a me sair bem dessas situações e de inúmeras outras. Começo a ganhar propriedade e, aos poucos, a necessidade de ficar me justificando vai diminuindo.

Com relação a meus filhos, a mudança também causa muito impacto. Como fazê-los entender que a mãe que os tinha deixado pequenos para ir trabalhar, agora, que estavam grandes, decidia ficar em casa? Em termos pessoais, como conviver bem com o tempo livre das obrigações profissionais? Como fazer meu marido compreender? Uma noite em que não havia dormido direito, logo após a demissão, me leva a comentar com ele que gostaria de buscar um novo caminho. *Aos 44 anos? Nesta idade não se começa nada*, me responde sonolento, voltando a dormir em seguida. Foi a primeira e única vez que busquei fazê-lo entender minha decisão. Compreendi que não poderia contar com ele neste novo caminhar.

> "*Este é um tempo de limpar seus porões para uma nova ação. Deveria estar terminando tudo que não foi terminado nos últimos anos. Elementos importantes de sua vida vão começar a sair. Atividades que funcionavam não vão funcionar mais. Sua maneira de lidar com as pessoas e as situações não mais alcançará a resposta desejada. Você pode ficar com a impressão de que vai ter que mudar tudo e ainda não sabe como realizar essas mudanças.*"

As palavras acima, gravadas em uma das fitas que trouxe comigo da consulta astrológica, são significativas. Elas traduzem, com precisão, este momento em que me sinto lançada no vazio, com um profundo medo do desconhecido, do que estaria me reservando o futuro.

Sinceramente, não sei o que teria sido de mim nessa fase se não fossem a fé, os livros e algumas poucas amigas. Mais uma vez encontro na leitura uma grande ajuda. Em algumas páginas vejo descrita a experiência por que estou passando. Isso me conforta. Com relação à fé, considerando ser ela a crença em fenômenos que a lógica não consegue explicar, não existem palavras que possam traduzir este sentimento profundo que me leva a mudar o rumo de minha vida.

Depois de uma experiência frustrante em que, quanto mais falava, mais mal-estar sentia, decido me proteger. Comento apenas com algumas poucas pessoas o que vem me acontecendo, são amigas próximas que me entendem e apóiam. Uma delas, companheira dos tempos de terapia em grupo, se faz presente de maneira muito especial, num momento difícil de minha vida quando, ao mesmo tempo que quero me abrir para o novo, sinto muito medo deste universo que busco desvendar.

Não posso deixar de reconhecer, contudo, que a ajuda necessária nunca me foi negada. Sempre que me encontrava angustiada e cheia de dúvidas, alguma coisa acontecia para me trazer um pouco de amparo e proteção: uma ligação, palavras que estava precisando ouvir. Outras vezes, caía em minhas mãos um livro, um artigo específico, de revista ou jornal, com comentários que se encaixavam feito uma luva em meu momento presente.

A sincronicidade dos acontecimentos, bem como a nova rotina do dia-a-dia, me leva a perceber o quanto minha visão de vida era limitada e distorcida. Entre outros aspectos, não estava nem um pouco acostumada a dar uma maior atenção às coisas surpreendentes que aconteciam e para as quais não encontrava uma explicação lógica.

> *"O homem acha que ou faz tudo sozinho ou deixa tudo na mão de Deus. Mas não é assim não. Nem você sozinho, nem Deus sozinho. É na união, é na comunhão, é na entrega e na fusão que as coisas acontecem."*
>
> Luiz Gasparetto – *Calunga – fique com a luz...* – Editora Vida e Consciência – p. 17.

Começo, assim, a constatar que absolutamente nada acontece por acaso. Não existem coincidências. Se estamos atentos às infinitas alternativas que a vida nos apresenta a toda hora, a todo momento, começamos a nos dar conta da sincronicidade do Universo, onde tudo se encaixa à perfeição.

Sem certezas, percebo que preciso aprender a deixar a vida me levar. Dar espaço para que as coisas aconteçam naturalmente, sem forçar a barra, sem buscar soluções. Mudar de atitude. Não é fácil. Meu condicionamento é tão grande, que preciso de tempo para aprender a relaxar e para começar a fazer contato com a alegria verdadeira, aquela que vem de dentro, e com o prazer. Prazer de caminhar pela manhã, de ir à praia em pleno dia da semana, sem culpa. Prazer de ter tempo para realizar as coisas com calma, sem agitação e ansiedade, mas, principalmente, prazer de viver. Percebo que ele está nas mínimas coisas e essa percepção passa a ser uma fonte de muitas alegrias e descobertas.

Passo a olhar com mais atenção as pessoas à minha volta. Estariam tendo alegria em suas vidas? A impressão que me passam é a de que não. Parecem estar sempre correndo contra o tempo, impacientes, ansiosas, irritadas. Nesse estado de ânimo, como poderiam fazer contato consigo mesmas, com o belo da vida? Observo-as e me vejo nelas, em alguns aspectos. A mulher de alguns meses atrás. Compreendo, então, o quanto vinha perdendo de vida em todos esses anos. Compreendo, também, a magia do momento que estou vivendo. Em vez de ficar angustiada, me cobrando, deveria agradecer pela oportunidade. Quantas pessoas podiam se dar ao luxo de parar para repensar suas próprias vidas? Por que não usufruir desse tempo de maneira mais amena, menos tensa? Por que não me deixar levar?

Por essa época, a televisão me traz a oportunidade de assistir a programas de entrevistas, à tarde, com pessoas famosas ou em início de carreira. Na maioria das vezes, constato entre elas um denominador comum: amam o trabalho que desenvolvem. A maneira como falam, o brilho no olhar, a expressão de seus rostos, tudo nelas me fascina. Certamente que profissionais realizados sempre estiveram presentes em meu universo, apenas eu não estava preparada para identificar o que os diferenciava das demais pessoas: trabalhavam com a alma, com o coração. Sem sombra de dúvida, não era apenas o dinheiro a mola-mestra que os movia. Esta, descubro, é a diferença maior, o fator que os tornava especiais, diferentes da grande maioria.

> *"O sentimento é tudo. As palavras são apenas máscaras e fumaça que encobrem o fulgor dos céus."*
>
> Goethe

O pensamento de Goethe me faz refletir. Vejo traduzida em uma simples frase a explicação para minha necessidade antiga de falar. O ato de falar, na verdade, era o mecanismo que utilizava para não entrar em contato com meus verdadeiros sentimentos.

Comentando com uma amiga as recentes descobertas, me sugere fazer um trabalho de expressão corporal. Aceito, de imediato, sua recomendação. Lembro-me de um nome que havia ficado registrado em minha memória: Angel Viana. Conhecia pessoas que estudaram com ela e que, mais de uma vez, se referiram a Angel com carinho e como sinônimo de excelência. Decido procurá-la na Escola e, agora Faculdade, Angel Viana, em Botafogo. Novamente me vem a sensação de estar adentrando por um caminho nunca antes imaginado. Consciência Corporal. O próprio nome já traz sua definição. Consciência, percepção do corpo. No entanto, o que isso tem a ver comigo, com o que estou buscando? No início, não encontro respostas lógicas. Mas agora já estou mais esperta e atenta. Não me prendo mais a elas. Apenas me deixo levar, na esperança de que, aos poucos, venha a perceber a importância deste trabalho.

O lado bom de se morar numa grande cidade é a enorme gama de possibilidades que ela oferece a uma pessoa. Em qualquer área de atuação, inúmeras são as facilidades de estudo e aprendizado. Talvez essa, entre outras, seja uma das razões pelas quais não consiga me imaginar trocando o Rio de Janeiro por um lugar mais calmo e tranqüilo. Neste momento em que me encontro completamente aberta para o novo e inusitado da vida, fazer uso desse universo diversificado revela-se de extrema importância.

Ao me inscrever na Escola de Consciência Corporal me descubro, novamente, em meio a pessoas bastante diferentes daquelas com que sempre havia convivido. Em sua maior parte são atores e atrizes jovens, em início de carreira, em busca da plena utilização de seus corpos, no exercício da arte de interpretar. Bailarinos, estudantes e também pessoas que, assim como eu, por uma razão ou outra, encontram-se momentaneamente atraídas por esse tipo de trabalho. O horário das aulas? De meio-dia às duas. Quando, trabalhando em regime de horário integral, como sempre havia feito, poderia participar de um grupo desses? Apesar desta descoberta e da permissão que me dei para participar das aulas, muitas são as vezes em que me pego questionando sobre a real necessidade desse tipo de aprendizado em meu processo de buscas. Não é minha intenção atuar no teatro e nem na televisão. Dançar profissionalmente, também não. Então, o que esse trabalho tem a ver com sentimento? Minha racionalidade, mais uma vez, não me dá trégua. Comento com duas amigas sobre isso. Ambas, como haviam estudado com Angel, me incentivam a prosseguir. Pedem que tenha um pouco mais de paciência comigo mesma, que me permita usufruir este tempo e este espaço sem tantos questionamentos.

Depois de alguns meses, já mais entrosada com o grupo e com o esquema das aulas, começo a me perceber e a perceber minhas reações corporais ante os acontecimentos felizes ou tristes de meu dia-a-dia. A dor nas costas, a queimação na boca do estômago, a rigidez da expressão facial. São tantas e tão significativas as sinalizações de meu corpo... Como não as havia observado antes? Além do mais, esse espaço se revela precioso, à medida que me fornece a possibilidade de conviver com uma pessoa querida: Angel. O que tem ela de tão especial? O que todas as pessoas especiais possuem: carisma, amor ao trabalho, alegria, capacidade de doação.

O contato direto, dentro da sala de aula, com a energia e o entusiasmo de alguns colegas de turma, me leva a despertar para um aspecto que ainda não tinha parado para observar. Como são diferentes de mim! Parecem não se cansar nunca, são de uma vitalidade que impregna quem está por perto. Dedicam-se de corpo e alma ao aprendizado, àquilo que lhes permitirá se tornarem melhores e maiores no exercício de sua arte. Pela primeira vez me conscientizo também da importância do corpo, de sua expressão, de como ele pode traduzir, em mínimos detalhes, os sentimentos de uma pessoa.

> "*O corpo fala. Os olhos expressam, a boca dá sinais, a postura revela, os gestos exprimem o que seu espírito sente. Você pode dissimular, mentir, desejar encobrir sua realidade, mas o corpo automaticamente revela seus verdadeiros sentimentos, inconscientemente.*"
>
> Zibia Gasparetto – *Tudo tem seu preço* – Editora Vida e Consciência – p. 11.

Meu fascínio pelas artes aumenta. Passo a prestar ainda mais atenção na interpretação de atores e atrizes na televisão, no teatro e no cinema. No movimento de seus corpos, em suas expressões faciais. Em muitas cenas não há necessidade de palavras. O corpo, por si só, é a tradução perfeita dos sentimentos. Um simples olhar, um trejeito com a boca, uma postura ou outra coisa qualquer. Quanto melhor o ator, maior sua capacidade de atuar nesse sentido.

Com as aulas de consciência corporal ganho uma percepção adicional para a origem de minha insatisfação: a falta de amor. Em primeiro lugar, o amor por mim mesma. Em um novo livro encontro questionamentos e colocações que mexem profundamente comigo e me levam a refletir. Como pude amar, se não me permiti sentir? De novo a palavrinha mágica a que tantas vezes Alberto tinha se referido.

> *Como poderia ter sentido sem me envolver, arriscando-me inclusive a sofrer e a me decepcionar? Como poderia verdadeiramente ter experimentado o amor? Como poderia ter adquirido sabedoria se não havia me permitido vivenciar plenamente os sentimentos?*
>
> Eva Pierrakos – *O Caminho da Autotransformação* – Editora Cultrix – p. 126.

Compreendo, então, a razão, entre outras, para a postura distante, para o não envolvimento e, conseqüentemente, para a falta de alegria e prazer na vida. Durante anos adotei uma postura cômoda, deixando dormente minha capacidade de sentir. *Então, como poderia ter verdadeiramente experimentado o amor?* Com esta nova percepção começo a entender o porquê de sempre ter me sentido dividida, de nunca ter estado inteira, presente em minhas atividades cotidianas e em meus relacionamentos.

Em seu livro denominado *Testemunho*, Darcy Ribeiro, grande antropólogo brasileiro, relata sua vivência com as tribos indígenas brasileiras. Segundo ele, os índios exerciam a criatividade como um ato natural da vida diária. Cada índio era um fazedor que encontrava enorme prazer em fazer bem tudo que fazia. Era também um "usador", com plena consciência das qualidades singulares dos objetos que usava. Ao se olhar um cesto indígena, reconhecia-se nele a cesteira que o havia feito. Sua singularidade, a maneira única que só ela sabia emprestar ao que fazia. Entregando-se de corpo e alma ao exercício de sua função, estavam evoluindo espiritualmente, mesmo não tendo nenhum tipo de crença. Ao trabalhar com amor, estavam, em primeiro lugar, amando-se. Reconhecendo-se através daquilo que faziam, ganhando propriedade, tomando posse de si.

Busco, então, em minha memória, pessoas que para mim, de certa forma, sempre agiram de maneira especial.

Por que faço questão de comprar revistas sempre na mesma banca, mesmo sendo um pouco longe de meu apartamento, quando tenho outra bem na frente? O sorriso de seu Oscar. A boa vontade em me servir, mesmo quando só quero trocar dinheiro. E o que falar da manicure? Já avançada na idade e que, por essa razão, demora um pouco mais de tempo em minhas unhas. Valeria a pena trocar o afeto e o carinho com que era atendida pela economia de alguns minutos? De quantos outros mais me lembro? A vendedora da loja que, em vez de pensar no valor da compra e em seu percentual de ganho, preocupa-se em encontrar algo que realmente me caia bem, que seja meu estilo. Não importa a função que exerçam. São pessoas especiais.

O sorriso de seu Oscar é importante. O prenúncio de um bom dia. Por isso continuo lhe sendo fiel, prestigiando sua banca. Assim como eu, quantos outros deixam de comprar perto de suas residências para também usufruírem a alegria e a boa vontade de seu Oscar? A unha feita por Celina... Uma pausa, um encontro agradável de trocas em meio aos afazeres de um dia. Provavelmente, essa é a razão pela qual seu espaço no salão que freqüento continua preservado e sua agenda sempre cheia, apesar de cercada de outras manicures muito mais jovens e rápidas. E a vendedora que me traz exatamente a peça de roupa que procuro, poupando-me tempo e proporcionando-me satisfação? Certamente ganha em comissão o que as outras, em seu "esforço" para agradar, não conseguem arrecadar. Ao fazer este simples exercício, compreendo a real dimensão das palavras do livro que tanta atenção me havia despertado, levando-me a questionar a respeito de meu propósito de vida. Estava lá escrito que, quando as pessoas misturavam seu talento singular com benefício aos outros, experimentavam o êxtase da exultação do próprio espírito, entre todos, o supremo objetivo.

Nos primeiros meses do ano de 2000 recebo um convite de Gerlane, uma ex-colega do grupo terapêutico. Quer saber se gostaria de participar de umas aulas de filosofia na clínica de Alberto. Uma de suas filhas havia feito contato com dois professores e estava formando um pequeno grupo de estudos.

Iniciar o estudo de filosofia no ano em que, quando menina, me diziam os mais velhos ser o tempo em que o mundo acabaria? Garota, brincava com essa informação. Ficava fazendo contas de quantos anos teria e imaginando como seria minha vida no futuro longínquo. Teria realizado meu grande sonho? Casado e tido filhos? Estaria com 44 anos. Uma velha. E, sendo velha, não me importaria muito que o mundo acabasse, pensava comigo mesma. O tempo havia passado e o fim, aparentemente, estava se aproximando. Eu, em particular, não acreditava nessa possibilidade. Mas, à minha volta, a reação da maioria das pessoas era diferente. Vêm-me à lembrança, então, as palavras da astróloga, por ocasião de meu último mapa astral. Aconselhara-me a estar aberta para as novas oportunidades que a vida me traria. Pensando nisso, decido aceitar o convite.

Um ano após ter freqüentado a clínica de Alberto pela última vez, volto àquela velha casa de paredes cinza. Minha primeira aula de filosofia. Os alunos são poucos. Entre eles, Nedjma e Danielle, mulher e filha de Alberto respectivamente. As aulas seriam dadas na sala de Celina, uma das terapeutas da clínica, que também participaria do grupo. Sinto-me feliz por voltar àquele ambiente e pela oportunidade de rever pessoas queridas. Os professores Claudia e Narbal, ambos doutorandos em filosofia, se revelam especiais e um exemplo concreto do que venho buscando alcançar em termos profissionais.

Quando Gerlane comenta o preço das aulas, não consigo acreditar. É barato demais. Não estaria enganada?, pergunto. Afinal de contas é a remuneração por oito horas de trabalho, duas por semana. Sem falar no tempo gasto de locomoção. Para minha surpresa, não existem enganos. O preço é esse mesmo. Como a maioria dos mortais, Claudia e Narbal precisam pagar suas contas ao final do mês. Mas, para eles, o objetivo maior é a possibilidade de trocas. A possibilidade de compartilhar com outras pessoas um pouco do que sabem e do que vêm aprendendo com seus estudos.

As surpresas não param por aí. Sinto-me especialmente sensibilizada pela maneira como as aulas são dadas. É gritante o entusiasmo, o conhecimento e a simplicidade de ambos. Nada parece aborrecê-los, nem mesmo as interrupções e a falta de disciplina que muitas vezes demonstramos durante as aulas. Revelador ainda é o entusiasmo de Claudia. Sempre que se sente mobilizada por um artigo ou um novo livro que lhe cai às mãos, apressa-se a compartilhar conosco o que julga ser importante. Vendo-a nesses momentos, chego a sentir uma certa inveja. Como uma *voyer*, observo seu prazer. Espanto-me e me surpreendo. Que alegria genuína demonstra ao ensinar, ao nos passar um pouco de seu conhecimento. E Narbal? Parece não ter assunto sobre o qual não saiba conversar. À minha frente, o exemplo de dois profissionais competentes no exercício de sua arte.

Engraçado como, por esses tempos, tudo em minha vida, em termos racionais, parece não fazer sentido. O que estou fazendo nas aulas de filosofia, nas tardes de sexta-feira, quando a maioria das pessoas que conheço se encontra trabalhando? Não deveria estar fazendo o mesmo? Quando poderia me imaginar fazendo parte de um grupo desses, a essa hora do dia? Novamente a sensação de estranheza. A mesma que sentia durante as aulas de Consciência Corporal.

Em termos práticos e objetivos, também não consigo entender o que o estudo de filosofia pode vir a me ajudar na busca da realização profissional. Não é a minha área de atuação, não pretendo me aprofundar no assunto e, a bem da verdade, muito do que me é ensinado nas aulas, se perde. Então, qual é o sentido? Mais uma vez não consigo encontrar respostas. Apenas me sinto feliz por estar participando de um grupo diferente. As pessoas se encontram por puro prazer, sem nenhum tipo de obrigação, sem nenhum tipo de cobrança. É esse o fio condutor que passa a nos unir. Alunos e professores interagindo num espaço rico de trocas.

No segundo ano de estudos, o grupo opta pela leitura de Nietzsche, por muitos considerado um dos pensadores mais incômodos e provocativos da filosofia moderna. Claudia e Narbal já haviam dado, anteriormente, uma pincelada sobre sua postura filosófica e nos mostramos interessados em conhecer mais a fundo sua linha de pensamento.

As aulas se tornam ainda mais fantásticas, à medida que as idéias de Nietzsche começam a vir à tona. Em vários aspectos, me identifico com ele, que se propõe a ser o novo Dionísio (deus da festa, da orgia, da liberação dos sentidos) da história: mais humano, mais prazeroso. Segundo ele, esse lado do ser humano andava meio esquecido. De fato, constato: o que vinha fazendo com minha própria vida a não ser esquecer-me do dionísico? E as outras pessoas? De tanto buscarem a felicidade, através da materialidade, mais pareciam se distanciar dela. Nietzsche estava preocupado com a vontade de potência, de querer se superar, de transcender-se, tornar-se "mais", pensar, sentir. Não é exatamente isso que venho buscando? A alegria verdadeira, o entusiasmo, o néctar da vida? Ele queria trazer o sentimento para a filosofia. E eu? Queria trazê-lo para a minha vida.

A magia se faz presente à medida que me identifico com Nietzsche. Ele está preocupado com os pássaros que podem voar e não o fazem, com a liberdade para que o homem ache o seu próprio rumo, sua individualidade. Suas idéias vêm ao encontro do que sinto, ao que venho buscando, à minha determinação de não ser apenas "massa", um ser passível de manipulação, sem vontade própria, sem força para buscar seguir seu próprio caminho.

A partir de um determinado momento, porém, a filosofia de Nietzsche começa a me incomodar. Segundo ele, as pessoas faziam uso da religião porque, em geral, não queriam encarar a realidade, o caos. Por isso viviam inventando "muletas". A fé estaria sempre tentando suprir uma falta de realismo. A fé para Nietzsche era um sinônimo de fraqueza.

Nesse ponto, as aulas se transformam em fonte inesgotável de questionamentos. Que ironia! Logo agora, que havia decidido entregar-me nas mãos de Deus, aguardando suas sinalizações, vem esse filósofo me dizer que sou fraca, que estou me utilizando da fé como bengala, para não enfrentar as dificuldades por que venho passando. Quantas são as vezes em que saio das aulas confusa, pensativa, questionando-me sobre até que ponto ele não estaria com a razão. Além disso, em meu grupo de estudos, existem pessoas que não acreditam em Deus. Em algumas ocasiões, busco argumentar os postulados de Nietzsche, falando de minha própria crença. Quando isso acontece, sinto-me, na maioria das vezes, desconfortável. Não consigo me expressar de maneira tal que as pessoas acreditem naquilo que, neste momento, me é vital: Deus. Quanto mais falo, mais desconforto sinto.

Na leitura de um livro autobiográfico de um iogue brasileiro encontro ensinamentos valiosos. Nas primeiras páginas, uma sinalização importante. Aprendo que devo evitar falar de minha fé. Aprendo, também, que não preciso me preocupar em convencer nem provar nada a ninguém. Minha experiência com o divino é única, singular e, portanto, preciosa. E, como uma jóia de valor inestimável, deve ser guardada a sete chaves, no íntimo de meu ser. Compreendo que para a maioria das pessoas deve ser realmente difícil entender o que vem se passando comigo: o contato divino através dos dois *insights*, a sincronia dos acontecimentos. Percebo com isso ter recebido, através de mais essa leitura, um direcionamento diferente, visando eliminar o mal-estar que vinha sentindo na defesa de minhas crenças. E é assim que, apesar de todas as dúvidas e questionamentos que o estudo de Nietzsche me provoca, saio fortalecida em minha fé. Vencido mais este desafio, me deparo com outro. Se não consigo passar para um pequeno grupo de pessoas minha experiência com o divino, como fazê-lo através da escrita? A dúvida bate forte. Bate forte a incerteza quanto ao caminho que havia me proposto a perseguir.

Capítulo 7

"Sem o direito de errar,
ninguém avança."
Darcy Ribeiro

Dolorosa Experiência

O ano de 1999 é significativo. Um marco em minha vida. O meu renascimento. Aos 44 anos, começo a adquirir uma nova percepção da vida.

Um caminho me havia sido mostrado. Agora, era comigo. Precisava arregaçar as mangas e promover a mudança, integrá-la em minha vida. Assim é que, por um longo período, pareço habitar uma terra de ninguém. Uma fase em que não estou aqui nem lá. Sinto-me murcha, uma flor sem vida. A terra que por tantos anos havia me nutrido não me serve mais. Renascer é fantástico, mas ao mesmo tempo doloroso. Talvez por essa razão a criança chore ao vir ao mundo. Sai do lugar conhecido, o útero materno, para abrir os olhos em um ambiente completamente novo e desconhecido para ela. Precisa se adaptar à claridade, à luz dos refletores, a pessoas estranhas que a seguram e limpam. Uma nova realidade.

Aprender a viver em um contexto diferente é tão mais difícil quanto maior nossa resistência a ele. Durante um ano e meio após ter sido demitida de meu último emprego, fico me cobrando uma nova atividade profissional. Esta exigência interna me tortura, me joga para baixo. A dualidade se instala com toda pompa e circunstância dentro de mim. Um lado meu quer voltar à ativa. O outro, sabe que isso é impossível. Faltam-me entusiasmo e energia. Em julho de 2000, após uma noite insone, decido ligar para uma de minhas amigas e falar da angústia que venho sentindo. Ela me ouve com atenção e é precisa em sua conclusão. Com delicadeza, me faz enxergar que a decisão de não mais voltar ao mercado de trabalho não tinha me servido de carta de alforria, como inicialmente pensara. Por alguma razão, uma perna ainda se encontrava presa. Ao desligar o telefone, sinto um profundo alívio. Penso ter ganhado, finalmente, meu passaporte para tempos melhores. Não podia imaginar, entretanto, que o prazo de validade seria tão curto. Poucos meses depois, sou surpreendida por um acontecimento marcante e extremamente doloroso.

Vivemos um tempo de muita violência. Ela está em toda parte. Nos morros, nas ruas, no governo, nas instituições, em casa. Vejo nos jornais, nas revistas, nos meios de comunicação como um todo, pessoas cobrando das autoridades ações eficazes para esses tempos em que a vida parece ter perdido seu valor.

Em outubro de 2000, meu filho mais velho é preso, aos 18 anos, comprando drogas. Após alguns dias na Polinter, é transferido para o Hospital Penitenciário Heitor Carrilho, onde permanece por cinco meses.

Esta experiência, entre outras coisas, serve para me ensinar que, apesar de vivermos em um mundo de violência generalizada, podemos minimizá-la dentro de nossas próprias casas. É ali, no aconchego do lar, que podemos preparar nossos filhos para enfrentar melhor o mundo aqui fora. Como fazê-lo?

Estando preparados para ser pais, para nos responsabilizarmos por esse novo ser que vem ao mundo. Conscientes da importância de nosso papel na educação e condução dessa criança. Muitas vezes pensamos que amar é superproteger, agir de maneira politicamente correta, dar aos nossos filhos tudo aquilo que pedem ou que não tivemos.

É fato que, no mundo corrido de hoje, o tempo nos é cada vez mais escasso. Porém aprendi que o tempo que se passa com um filho pode até ser mínimo; o importante não é a quantidade de tempo que com ele passamos, mas a *qualidade* desse tempo. Aprendi também que devemos ouvir nossos filhos com atenção, percebê-los e respeitá-los exatamente do jeito que são, sem querer transformá-los naquilo que gostaríamos que fossem. E, por fim, aprendi que é de extrema importância que estabeleçamos limites. Não adianta tentar compensar nossa ausência, dizendo sempre *sim* a tudo que nossos filhos pedem. É importante aprender a dizer *não*. O mundo está mudado, mas os verdadeiros valores permanecem os mesmos. Devemos ensiná-los a nossos filhos. Não com palavras, mas com o nosso próprio exemplo, com nossas atitudes. Devemos amar e respeitar a nós mesmos para que possamos, verdadeiramente, amar e respeitar nossos filhos. Agindo assim, certamente não iremos eliminar a violência do mundo, mas poderemos fazê-lo dentro de nossas próprias casas, onde estão as bases dessas crianças, desses adolescentes e futuros adultos.

Ninguém nos ensina a ser pais. Geralmente passamos a nossos filhos o que aprendemos. E quem disse que tudo que aprendemos é o melhor para nós, para nossos filhos? Você tem certeza de que tudo que lhe ensinaram e que você seguiu foi o melhor para você, para a sua vida? Você já parou para se questionar se realmente está feliz com as opções que fez? Tem certeza de que não está transferindo para seu filho suas frustrações e questões mal resolvidas?

Quantos de nós nos fazemos essas perguntas? Será que realmente alguém chega a fazê-las? Provavelmente não. Estamos tão imbuídos em dar o melhor, em acreditar que o estamos fazendo, que não temos consciência do mal que podemos estar causando. Foi assim que aconteceu comigo.

Numa madrugada de sábado, minha sensação ao pisar na Delegacia, após horas de angústia tentando localizar Marcelo, é a de que estou tendo um pesadelo. Quero acordar e suspirar aliviada, mas a realidade é outra. Meu filho está preso porque foi pego, em flagrante, comprando uma quantidade de comprimidos de ecstasy que, segundo a lei, implicaria em tráfico.

Após o alívio em sabê-lo vivo, sinto o chão faltar sob meus pés. Não consigo acreditar que isso esteja acontecendo conosco. Quero que alguém me belisque e me faça sair do transe que parece ter tomado conta de mim. O desespero aumenta quando constatamos que Marcelo será levado para a Polinter, nas primeiras horas da manhã de sábado. Ao vê-lo sair algemado, como um bandido qualquer, sinto uma dor profunda e um enorme sentimento de impotência. Quantas vezes havíamos conversado sobre drogas, seu efeito nocivo e as conseqüências que poderiam trazer para a vida de uma pessoa? Por que não me escutou? Meu primeiro filho... Uma criança desejada e amada. Um menino de bons princípios, responsável e prestativo.

Marcelo, num movimento de quem começa a compreender o que ainda estava por vir, tira do pescoço o cordão de ouro que sua avó paterna lhe havia dado de presente e do qual jamais se separava. Como me dói fundo esse gesto! O que teria levado meu filho a buscar o caminho das drogas? Não o havia criado para isso e, no entanto, vejo-o ser conduzido por policiais, após um forte e silencioso abraço. A suspeita de tráfico que o envolve torna impossível a sua vinda para casa conosco.

É o início de um longo calvário e um enorme aprendizado. O primeiro passo de muitos outros que seriam dados num universo completamente desconhecido por nós, meu marido e eu. Nunca havíamos pisado numa delegacia antes e não conhecíamos sequer um advogado que pudesse nos auxiliar numa madrugada de sábado.

Algum tempo atrás, na fase dos catorze até completar dezessete anos, Marcelo se revelou um poço de preocupações. Envolveu-se com más companhias, tornando-se rebelde e resistente a qualquer tipo de diálogo. Além disso, por duas vezes, foi convidado a se retirar dos colégios onde estudava, sob a alegação de mau comportamento. Nessa fase, a terapia em grupo que vinha realizando me ajudou muito. Busquei, nas sessões de Alberto, descobrir uma maneira mais adequada de lidar com ele e com os problemas que vinha nos trazendo. Foi um tempo difícil e desgastante. De repente, meu filho, um menino de rosto angelical, de olhos expressivos e cabelos louros encaracolados, transformava-se em um desconhecido para os próprios pais. E o dia em que, estando ele trancado no box de seu banheiro, usei o cinto contra ele? Estava de férias e não queríamos deixá-lo em casa sozinho. Meu marido pretendia levá-lo para sua empresa. Mas ele resistia de todas as maneiras possíveis. Um garoto que, até então, nunca havia apanhado. A lembrança dessa cena ainda me machuca. Cheguei ao trabalho arrasada e não consegui sossegar até falar com ele e lhe pedir desculpas. Fosse o que fosse que tivesse feito, reconhecia não ser esse o caminho. Nunca havia apostado em qualquer tipo de violência e nunca a havia utilizado na educação de meus filhos. Sempre buscara conversar e dialogar, em vez de bater. Quando não obedeciam, encontrava no castigo a melhor solução. Poucas foram as vezes, contudo, em que precisei fazer uso deste recurso. Naquela manhã agi de maneira diferente. Sentia-me desgastada. Não conseguia entender o que estava se passando. Marcelo nunca havia me trazido qualquer tipo de problema anteriormente. Sempre fora uma criança tranqüila e obediente. O que o levara a mudar tanto?

Depois de tentar resgatar a harmonia que sempre pensei existir entre nós dois, busco fazer com que Marcelo aceite participar de uma terapia. Não podia imaginar a batalha adicional que teria pela frente. Meu marido se mostra completamente cético em buscar esse tipo de apoio. Além do mais, por essa época, vivíamos em atrito justamente porque ele não concordava com os trabalhos terapêuticos que eu vinha realizando. As discussões eram freqüentes. Penso que nunca brigamos tanto. Essa é a razão pela qual Marcelo, cansado de nossas discussões, mostra-se resistente em colaborar. Influenciado pelo discurso do pai, rejeita qualquer tipo de terapia.

O tempo passa e Marcelo parece não querer mudar, apesar de nossos esforços. Sinto que preciso fazer alguma coisa, mas não sei exatamente o quê. Meu sentimento é de urgência. Na época, aconselhada por Alberto, conduzo-o para uma avaliação psicológica, com profissional altamente qualificada e recomendada. O resultado aponta para a necessidade de um trabalho terapêutico. Na esperança de que esse possa vir a ser um caminho, faço uso de toda minha paciência e capacidade de comunicação para convencer meu marido e meu filho a mudarem de opinião.

Ao completar dezessete anos, Marcelo começa a dar sinais de melhora. No dia de seu aniversário, faz questão de cantar parabéns com alguns amigos e a família, um primeiro sinal favorável que me deixa feliz. Inicia o namoro com uma moça chamada Paula e, após um teste vocacional, se propõe a passar no vestibular para Engenharia de Telecomunicações. No ano seguinte, os primeiros resultados positivos. Consegue entrar para a UERJ – Universidade Estadual do Rio de Janeiro, sua primeira opção. Seria engenheiro como o pai, com o qual começa a trabalhar em seguida. Estudos, namoro, terapia, trabalho, curso de inglês. Tudo parecia ter voltado ao normal, à exceção do consumo de maconha. Segundo ele, somente utilizada nos fins de semana. Conversávamos muito sobre isso. De vez em quando lhe dávamos um artigo publicado em jornal ou revista para ler, falando sobre as conseqüências nefastas do uso de drogas. Sempre que tínhamos este tipo de papo, ele me retornava dizendo que só fumava de vez em quando, nos fins de semana.

Sinceramente acreditei que Marcelo estivesse melhorando e que a fase terrível dos catorze aos dezessete anos havia definitivamente passado. Talvez por isso tenha ficado em estado de choque ao descobrir o quanto estava enganada ou me deixando enganar.

No caminho da Delegacia para casa, sinto-me completamente aturdida. Não consigo entender e processar os últimos acontecimentos. Penso em Deus e me pergunto o que ele estaria querendo nos ensinar. Por que isso, logo agora que tudo parecia correr tão bem? As perguntas sem respostas e a dor de saber meu filho preso são quase que insuportáveis. Dói. Dói tanto e tão fundo... Que alegria maior pode ter uma mãe do que aquela de saber seu filho feliz? Em contrapartida, como nos é doloroso seu sofrimento! Como nos cobramos por sua felicidade... Lembro-me das lutas passadas, das enormes dificuldades "aparentemente" superadas e de minha alegria ao pensar que Marcelo finalmente havia encontrado um rumo certo para sua vida. Teria mentido para mim durante todo esse tempo? Sempre havíamos tido um diálogo aberto e verdadeiro. Pelo menos assim eu pensava.

Meu filho preso, sem poder ser visitado no fim de semana, numa cela com estranhos, acusados dos mais diversos crimes: estupro, assalto, assassinato, tráfico, etc...

No sábado à noite, ao colocar o lixo na lixeira encontro, do lado de fora da porta de serviço, um anônimo e lindo vaso com flores. Quem o teria colocado ali, buscando não se identificar? Certamente algum vizinho, querendo mostrar-se solidário. Como traduzir em palavras o que esse simples gesto significou para mim? Tamanha delicadeza de sentimentos é o alento, a sinalização de que não estou sozinha. *Como é bom sentir o calor humano e o afeto em todos os momentos da vida, mas, principalmente, quando estamos nos sentindo feridos*, constato agradecida.

No dia seguinte, inúmeras são as ligações de pessoas amigas que, sabendo do ocorrido, procuram-nos querendo ajudar de alguma maneira. Outras, por alguma razão, sentem vontade de entrar em contato comigo e, ao fazê-lo, tomam conhecimento dos últimos acontecimentos. O carinho que recebo me leva a recuperar, na noite de domingo, a energia necessária para lutar.

Jamais me esquecerei das pessoas que me ajudaram e apoiaram neste momento difícil. Com elas aprendi muito. Aprendi o que significa ser solidário, o que significa ter compaixão, o que significa amar ao próximo. Aprendi, também, a identificar quem são meus verdadeiros amigos e as pessoas com quem posso contar.

Domingo à noite, sentindo voltar minha energia, decido ajudar meu filho de todas as maneiras possíveis. Minha preocupação, porém, não se limita a apenas tirá-lo da cadeia. Meus pensamentos vão além. O que o teria levado às drogas? Como tirá-lo do vício? Compreendo que, apesar de ser muito importante conseguir sua liberdade, este é apenas o primeiro de muitos outros passos a serem dados.

A primeira visita a Marcelo, na manhã de segunda-feira, é traumática. Magro, abatido, o rosto cheio de espinhas, denunciando a adolescência ainda não deixada para trás. Como é chocante estar ali e verificar, com os próprios olhos, a triste realidade das prisões brasileiras. Celas apinhadas, condições subumanas de sobrevivência. Logo após o abraço e o beijo, a primeira pergunta de meu filho denuncia sua preocupação por aquele que sabe lhe querer um bem enorme: seu avô, pai de seu pai. Não tem ele ainda consciência do longo caminho que teria a percorrer. Questiona se passaria seu aniversário, no mês seguinte, em liberdade. Como saber? Nem ele, nem meu marido e eu tínhamos, nessa primeira visita, a mínima noção de onde tudo isso nos levaria. Saímos de lá arrasados. Cada um mergulhado em sua dor, em seus próprios pensamentos. Em minha mão trazia um bilhete que Marcelo havia me escrito pedindo perdão. É o início de uma série de correspondências que passaríamos a trocar a partir de então.

Durante o processo de Marcelo descubro, surpresa, minha própria força. Nunca me julguei uma mulher fraca, mas jamais poderia ter me imaginado enfrentando esta situação da maneira como a enfrentei: triste, porém firme e serena. E se Marcelo tivesse sido preso alguns anos atrás? Teria tido a mesma reação? Provavelmente, não. Esta simples constatação me leva a reconhecer o quanto já havia caminhado. Agradeço a Deus o aprendizado adquirido na terapia de grupo e na busca da espiritualidade.

Na medida em que as respostas às perguntas que vinha me fazendo desde a madrugada de sábado começam a surgir, percebo a mão de Deus em todos os acontecimentos recentes. Compreendo que a vida estava dando uma nova e talvez última oportunidade a meu filho. Durante três anos tentamos, de todas as maneiras possíveis, trazê-lo à razão. Ao contrário do que pensava, não quis me ouvir, nem a meu marido. Então, estava sendo levado ao fundo do poço para que sentisse, na própria pele, as conseqüências do caminho que havia buscado. Além do mais, o que está acontecendo serve para que acordemos para uma outra realidade. Marcelo vinha consumindo muito mais maconha do que imaginávamos e, além disso, comprimidos de *ecstasy*. Costumava tomá-los nas noites em que saía para alguma festa, como faria no dia em que foi preso. A pílula da felicidade... Quanta ilusão! Que felicidade conseguira? Preso, sofrendo e causando sofrimento às pessoas que o amavam. E se não tivéssemos descoberto a tempo? No estágio em que já se encontrava, fora parar na prisão. Imagine-se num grau de dependência maior? Provavelmente seria uma viagem sem volta.

Em vez de me desesperar e de me sentir culpada, percebo a oportunidade que a vida está me trazendo de aprendizado. Decido apoiar meu filho e lhe dar o suporte necessário para vencer as dificuldades. Sei, porém, que essa é a etapa mais fácil do processo. É preciso que Marcelo reconheça sua responsabilidade em tudo que está lhe acontecendo e decida mudar. Isto fica ainda mais claro após conversar com uma senhora espírita, participante antiga e ativa do centro espírita kardecista que costumo freqüentar. Em poucas palavras, ela resume qual deveria ser meu comportamento dali para frente. Rezar e apoiar meu filho, sem esquecer que de nada adiantaria meu empenho se ele próprio não decidisse vencer o vício. Este, sim, o maior desafio que teríamos pela frente. Num primeiro momento, tirálo da prisão. Depois, o mais importante: a luta para que Marcelo se conscientizasse da necessidade de abandonar definitivamente as drogas. Inclusive a maconha.

Após quase um mês de prisão na Polinter, um dia após ter completado dezenove anos, Marcelo é transferido para o Hospital de Custódia e Tratamento Psiquiátrico Heitor

Carrilho, na Rua Frei Caneca, no Centro da Cidade do Rio de Janeiro. Um manicômio. Essa mudança significa uma vitória para todos nós. O reconhecimento pela justiça de que meu filho não é um bandido e muito menos um traficante. Por outro lado, passaria a conviver com desequilibrados mentais.

A transferência para o Heitor Carrilho me traz de volta à memória lembranças dos tempos de colégio quando, com algumas colegas de sala de aula, visitei um manicômio: o Pinel, na avenida Pasteur, em Botafogo. Quantos dias me foram necessários para que esquecesse algumas cenas que presenciei? Meu filho, agora, faria parte desse universo. Apesar da angústia, reconheço que, infelizmente, não nos restava outra alternativa melhor. Não existiam ainda, por essa ocasião, hospitais para dependentes químicos sob custódia do governo, no Rio de Janeiro.

Passados alguns poucos dias, constato, com alívio, que o esquema no Hospital Penitenciário é muito diferente do esquema na Polinter. Em vez de uma cela apinhada de pessoas, Marcelo passa a dividir um quarto com três rapazes dependentes químicos e um senhor em idade avançada que, abandonado pela família, fixara ali sua residência. Durante o dia, eles trabalham no Manicômio em tarefas específicas. Após as dezessete horas, se recolhem, sem autorização para sair de seus aposentos. Isso me deixa um pouco mais tranqüila. O ócio em nada contribuiria para ajudar nesse momento difícil. Além do mais, dentro do possível, meu filho está bem. Ao contrário dos tempos de Polinter. Em uma de nossas visitas à Polinter ficamos sabendo, meu marido e eu, que um rapaz havia apanhado até a morte, somente porque elogiara a mulher de um outro prisioneiro. Por incrível que pareça, descubro que existe um código de ética entre eles. Falar da mulher de um companheiro de cela é fatal. Como voltar para casa sabendo que meu filho corria risco de vida?

Saberia ele se conduzir nesse ambiente? Felizmente, Marcelo conseguiu passar por essa experiência sem nenhum dano físico. Ao contrário de tantos outros, que não tiveram a mesma sorte.

Com a transferência, adquiro também a possibilidade de estar com meu filho duas vezes por semana, no horário das treze às dezesseis e trinta. Conversar com ele, abraçá-lo, levar-lhe um pouco de conforto e alegria. Um privilégio que, apesar das circunstâncias, me deixa feliz. Ao mesmo tempo, na convivência semanal, passo a tomar conhecimento de histórias de vida profundamente tristes. O local das visitas normalmente se dá em um amplo pátio, com algumas mesas grandes, onde os pacientes recebem seus familiares. Começo, assim, a observar esse mundo à minha volta. Quanta dor e quanto sofrimento... Quantos lares destruídos por causa das drogas, de atos insensatos e desequilíbrios mentais. Entre tantos relatos que passo a ouvir de pais e familiares em visita, sinto-me especialmente mobilizada pelo destino de uma das pacientes, uma mulher jovem que, após matar o próprio filho e passar por anos de tratamento, permanecia no hospital, mesmo depois de ter obtido alta. Sua mãe não tinha como sustentá-la. *Será que envelheceria entre aqueles muros*?, me perguntava sempre que a via. Ainda é nova, e suas feições são delicadas. Não existiria uma maneira de resgatá-la para a sociedade? Observo sua mãe a lhe pentear os longos cabelos louros e não consigo reprimir um pensamento: até que ponto não lhe era mais conveniente deixar a filha no hospital? Não são só os velhos que ficam abandonados nesses locais, constato estarrecida. Milhares de pessoas são deixadas à sua própria sorte, por não contarem com o apoio de seus familiares. Ao mesmo tempo, quanta dedicação é necessária àquele que se propõe a permanecer ao lado de um interno no manicômio, seja ele doente mental ou dependente químico. Pessoas que vêm de muito longe, muitas quase sem recurso nenhum. Chama também a minha atenção um pai de família com duas filhas pequenas, de casamentos diferentes. A família sempre o visita. A mãe, uma senhora simples e trabalhadora, carrega uma tristeza enorme no olhar e uma paciência infinita nos encontros, sempre às voltas com as netas. Tem esperança de que o filho saia em breve, mas sabemos que seu caso é grave e que, provavelmente, permanecerá internado por muito mais tempo. Sempre que surge uma chance, converso com elas, a mãe e a filha mais velha. Quantos natais mais passaria visitando o filho no hospital? E a menina? Ainda tem cinco anos e não sabe que o pai está preso. Dizem para ela que aquele é seu local de trabalho. Mas até quando aceitará as justificativas pela ausência paterna nas datas importantes?

Apesar das inúmeras situações tristes, uma descoberta me conforta: a equipe de profissionais a que meu filho está entregue é de grande competência. Sinto-me acolhida e percebo que, na medida do possível, buscarão fazer o melhor pelo meu filho.

Marcelo inicia uma terapia de grupo e passa a participar também de uma terapia familiar. Acho esse trabalho simplesmente fantástico. Não só pelos resultados pessoais que obtive na terapia em grupo com Alberto, mas, também, porque acredito sinceramente em seus resultados quando conduzida por profissional competente e, principalmente, quando o paciente deseja realmente mudar.

Esse é um tempo de grande aprendizado para todos nós, inclusive para meu filho mais novo. Rafael é muito sensível e essa experiência do irmão e suas conseqüências o levam a tomar a decisão de evitar qualquer tipo de vício, seja ele permitido por lei ou não.

Não existe, porém, nada mais triste nesse período do que a hora de ir embora, após as visitas. O barulho da sirene anunciando que o tempo havia acabado atravessa meu coração como uma faca de corte afiado. Esqueço por instantes que Marcelo já é um homem e quero levá-lo comigo, protegido no aconchego de meus braços. É doloroso deixá-lo para trás, enquanto nos vê descer a rampa para a saída, atravessar o portão de grades grossas e ganhar a rua. Na maioria das vezes, faço este percurso pensativa e triste, imaginando o que deveria estar sentindo meu filho ao ver as pessoas que ama irem embora, sem nem mesmo poder acompanhá-las. Tão jovem e privado de seu bem maior: a liberdade de poder ir e vir.

Outro fator adicional de angústia foi o desenrolar do processo, ou seja, os trâmites legais, os procedimentos a serem adotados. Não tínhamos certeza de absolutamente nada e, de minha parte, nunca me senti tão impotente. Constituímos um bom advogado e fizemos tudo que nos foi possível. Nos atormentava, porém, a incerteza com relação ao resultado final. Não dependia só de nós. Sentia que ficar muito mais tempo no hospital de nada adiantaria para Marcelo. As conseqüências de seu vício já haviam sido pesadas o suficiente para que aprendesse onde a tal pílula da felicidade o levara. Agora, era com ele e conosco.

O tempo parecia não passar e, num piscar de olhos, vimos chegar o Natal. É fim de ano. As ruas estão cheias. As pessoas aparentemente mais atarefadas do que nunca. Observo os embrulhos de presente, as lojas enfeitadas e sinto uma grande melancolia. Que Natal seria esse? No primeiro fim de semana do mês de dezembro, vou com meu marido assistir à inauguração da árvore de natal na Lagoa Rodrigo de Freitas. Enquanto caminhamos para o local onde se daria o *show* de fogos de artifício e a apresentação da cantora Simone, me deixo levar pela magia deste momento. A noite está quente. Uma noite de quase verão na Cidade Maravilhosa. O céu estrelado e, no ar, o espírito de Natal. O verdadeiro espírito de Natal. As luzes da árvore se acendem. Ela surge, gigantesca e linda. Parece-me nunca tê-la visto tão bonita como agora. Os fogos pipocam trazendo ainda mais brilho e cor, enquanto a música começa a tocar. De repente, me vem um pensamento e sou tomada por uma enorme tristeza. Como podia estar curtindo aquele momento, enquanto meu filho se encontrava preso? Compreendo então a exata dimensão da palavra mãe. Impossível estar inteira quando uma parte de nós encontra-se sofrendo. Mas a vida continuava e, apesar de tudo, precisava vivê-la.

Assim como o Natal, vem o Ano Novo. Felizmente, ambos caem numa segunda-feira. Domingo é dia de visita. Buscamos levar um pouco de alegria e entusiasmo a Marcelo. Todas as pessoas que ama vão vê-lo. Minha sogra prepara uma pequena ceia para que ele e os companheiros de quarto possam comemorar. Na hora da despedida, ele pede que nos déssemos as mãos e fizéssemos uma oração por ele à meia-noite. Assim foi feito.

No final do mês de abril de 2001, após cinco meses internado no hospital, Marcelo ganha a liberdade. Para nossa surpresa, sai junto conosco, sem mais nenhum trâmite legal que o impeça de nos acompanhar. No pronunciamento da juíza, mais um presente de Deus. Seu processo ficaria em suspenso por dois anos. Se durante esse período não viesse a cometer nenhum outro delito, sua ficha ficaria limpa, como se nunca tivesse passado pela polícia. Durante esse tempo, deveria comparecer ao Fórum, de três em três meses, apresentando um comprovante de estar fazendo tratamento terapêutico. Além do mais, não poderia permanecer em circulação após as dez da noite. Não consigo conter as lágrimas. Choro de alegria, de alívio, de agradecimento. Não esperava por esse resultado. Tudo me parece perfeito. A sentença, a necessidade de terapia, a impossibilidade de voltar a freqüentar a noite nos próximos dois anos. Sinto que Deus está me dando uma ajuda na árdua batalha que ainda teria pela frente. Durante a internação, Marcelo se propôs a não consumir mais nenhuma espécie de droga. Estava limpo. Mas, e agora? Quanto tudo que havia passado lhe servira de lição? Abriria mão do discurso em relação ao prazer que sentia ao consumir maconha? Precisava ainda se conscientizar a respeito de suas amizades, que nada lhe acrescentavam em termos de crescimento pessoal. Pessoas problemáticas. Quantas e quantas vezes o alertara nesse sentido? No entanto, mais uma vez, não me ouviu. Na verdade, compreendo agora, eram iguais, daí a identificação. E as noitadas embaladas por música *techno*? Esse universo, que tanto lhe agradava, servira de pano de fundo para que entrasse em contato com os comprimidos de *ecstasy*. Até que ponto meu filho aprendera?

Além da terapia em família, a que decidimos dar continuidade com a mesma profissional dos tempos de hospital, Marcelo inicia um trabalho de terapia individual. Passado algum tempo, somos chamados para uma reunião, na presença de Marcelo, com o novo terapeuta. Ele nos pede que falemos, separadamente, sobre como o percebemos. Ao final, em poucas palavras, resume o que pensa ser o "x" da questão em relação à problemática de meu filho. Por alguma razão, em um determinado momento da infância, criou-se um "distanciamento" dele em relação a nós, seus pais. Esse distanciamento, infelizmente, permanecia inalterado até os dias de hoje. O trabalho terapêutico seria o caminho através do qual Marcelo poderia vir a resolver essa questão. O principal havíamos feito. Marcelo era um rapaz de sólidos princípios e potencial. A base havia sido plantada, faltava apenas resolver a questão que o havia levado a uma postura de distanciamento. Quanto a nós, deveríamos continuar apoiando-o e dando-lhe o suporte necessário para superar as próprias dificuldades.

Saio mal da sessão. Não sei definir exatamente o que me causou mal-estar. Aos poucos, começo a vislumbrar onde havia falhado. Dói reconhecer o erro. Compreendo que agi com meu filho da mesma maneira como haviam agido comigo na infância e adolescência. Tive pais, irmãos, casa, comida e roupa lavada. No entanto, os mais importantes componentes para o crescimento saudável de um ser humano haviam me faltado: afeto e atenção. É impressionante constatar como, inconscientemente, cometi os mesmos erros de meus pais. Quantas distorções de valores e de vida ainda teria passado a meus filhos?

Percebo, ainda mais claramente, o quanto me enganara no passado. Em minha fala ao terapeuta, coloquei que tinha tempo para tudo quando meus filhos eram pequenos: trabalhar, administrar a casa, o marido e os dois filhos. Depois, já na rua, dou-me conta de onde estava o erro em meu discurso. Realmente, havia tempo para tudo. Menos para o mais importante de tudo: tempo para dar atenção e afeto a meus filhos, tempo para brincar, deitar à noite em suas camas e lhes contar histórias. Esse tempo, o mais precioso de todos, eu não o tinha. Estava cansada demais para isso. De que me adiantara ter gastado todo aquele tempo, se não o havia investido, como deveria, em meus dois maiores tesouros: meus filhos? Agora, a vida estava me apresentando a fatura.

A angústia parece querer dilacerar meu peito. Se pudéssemos voltar no tempo com a experiência do presente... Como é doloroso enxergar as próprias falhas. Ver quanto elas nos prejudicaram e vêm prejudicando quem amamos. Algumas horas depois, consigo me acalmar e, por fim, me perdoar. Compreendo que, àquela época, não saberia fazer diferente. Ainda estava contaminada pela educação e pelos valores que havia herdado de meus pais. Uma vez mais, a vida estava me dando a oportunidade de aprender com os erros passados, apontando um novo caminho.

Capítulo 8

"É preciso entender os porquês".
A vida não esconde nada,
é você que não quer ver."

Luiz Gasparetto

Aprendendo com os Erros

Um pouco antes de Marcelo ganhar a liberdade, sou surpreendida, em uma das sessões de terapia familiar realizadas no Hospital Heitor Carrilho, por uma abordagem da terapeuta. Chego a pedir que repita sua fala, na tentativa de buscar captar melhor o sentido de suas palavras, mas alguma coisa se perde. O que teria querido dizer ao mencionar que algumas vezes as pessoas precisam estar sempre bem-arrumadas ou ter suas casas assim, visando esconder a desordem interior? Por que saio da sessão me sentindo tão afetada? Provavelmente, porque sempre me preocupei com a aparência física e também porque sempre gostei de ter meu apartamento muito bem-arrumado, com tudo em seus devidos lugares. Seria isso um erro? Provavelmente, não. Mas, então, por que a sensação de desconforto?

O contato com Silvana, terapeuta em Análise Psico-Orgânica e Massagem Biodinâmica, é fruto deste questionamento. Há algum tempo, vinha me propondo a prestar atenção a tudo que me afetava. Tinha aprendido, ao longo de meu processo de buscas, que este era um dos caminhos para entrar em contato com as minhas emoções, com o que verdadeiramente estava sentindo e, conseqüentemente, com a minha verdade, aquela que há tempos vinha procurando encontrar. Agora, porém, não se trata apenas de autoconhecimento. Meu sentimento é de urgência. Marcelo está precisando de mim. Precisaria muito mais, no futuro. Não podia correr o risco de errar novamente, de me iludir, de me deixar levar somente pelas aparências.

A pressão dos últimos meses, a convivência semanal com Marcelo no hospital junto aos outros internos e as dificuldades encontradas no meio do caminho são superadas com coragem e determinação. Contudo, a percepção de que ainda havia em mim alguma coisa importante a ser trabalhada me leva de volta à terapia.

No início, Silvana precisa fazer uso de toda sua paciência e delicadeza para que eu aceite sua colaboração. Apesar de tê-la procurado por livre e espontânea vontade, sinto dificuldade em aceitar sua ajuda. Espero receber em meu corpo um toque com as mãos, sugerido pela Massagem Biodinâmica, recomendada por uma amiga. Mas, em vez disso, sou convidada a me pronunciar. Reluto em ficar falando, como se estivesse voltando aos velhos tempos de terapia com Alberto. Essa fase, para mim, embora importante, tivera um princípio, um meio e um fim. Em minha cabeça, a volta à terapia era um retrocesso, um atestado de incompetência para lidar com as dificuldades de meu dia-a-dia. Julgava que sete anos haviam sido mais que suficientes para dar conta de todas minhas questões pessoais. No entanto, após algum tempo, percebo que, para ajudar Marcelo, precisaria antes me dar permissão para também ser ajudada. Por que e para que ser tão auto-suficiente? O que estaria ganhando com isso? O que queria provar e para quem? Por que não reconhecer minha necessidade de um espaço, de alguém com quem pudesse dividir minha dor, meus medos e, principalmente, alguém que pudesse me conduzir a fazer contato com meus verdadeiros sentimentos?

De certa forma, as aulas de Consciência Corporal da Angel me ajudaram muito nesse sentido. Elas me levaram a perceber meu corpo e suas reações ante as emoções de uma maneira que antes não tinha consciência. Agora, porém, à luz dos acontecimentos recentes e ainda afetada pela abordagem da terapeuta familiar, sinto que preciso descobrir, de uma vez por todas, o que Alberto tentou me dizer, em inúmeras situações de nossa convivência terapêutica, quando afirmava que não era para eu entender e, sim, para sentir. Essa é a grande diferença em relação ao trabalho com Silvana. Lá atrás, a impressão que tenho é a de que fui comendo um prato de mingau pelas bordas. Agora havia chegado a hora de dar o pulo do gato, de enfrentar o que para mim revelava-se extremamente difícil: fazer contato com meus sentimentos. Esse, então, passa a ser o ponto de partida de meu trabalho com Silvana. Minhas emoções, antes tão ignoradas, por menores e mais insignificantes que possam parecer num primeiro momento, são meu principal foco de atenção. Muitas vezes chego a julgar mesquinhas minhas colocações, ao me revelar exatamente do jeito que sou ou penso ser, sem me esconder, sem mascarar o que estou sentindo. Não é nada fácil aceitar minhas fraquezas e limitações e, principalmente, falar sobre elas. Mas, somente assim, começo a fazer contato com a verdade, com a natureza verdadeira de meus sentimentos.

Dizem que o sofrimento vem para que aprendamos com ele. Não deveria ser assim, mas confesso que foi ele quem fez com que eu buscasse realmente entrar em contato com minhas defesas mais profundas. Não queria mais ter defesas. Defender-me de quê? Para quê? Queria aprender a estar inteira, presente, plena na relação com o mundo e com as pessoas à minha volta. E, principalmente, plena na relação com meus filhos. Não se tratava de culpa, pois não a senti em nenhum momento durante os seis meses em que Marcelo esteve detido. Minha necessidade era descobrir onde havia falhado, para não voltar a repetir os mesmos erros. Como no velho ditado popular, errar é humano, persistir no erro, burrice. Além do mais, algo extremamente precioso estava em jogo: meu filho, a possibilidade de, efetivamente, vir a ajudá-lo. Assim, abro mão do preconceito de recorrer uma vez mais à terapia e me entrego, de corpo e alma, a uma busca que, anos atrás, não faria sentido para mim.

Premida pelo desejo intenso de ajudar Marcelo, busco me aproximar dele de uma maneira mais afetuosa. Este movimento traz uma dolorosa revelação: minha dificuldade em me manifestar através do gesto, da simples atitude amorosa. Esta descoberta mexe muito comigo e é responsável pelo despertar de uma nova consciência. Como me é difícil demonstrar carinho! Deixar-me ficar ao lado, sem nada falar, apenas compartilhando um breve e fugaz instante. Pode parecer simples para alguns, mas não é possível imaginar o quanto me foi difícil este aprendizado.

Começo por me observar. Quando surge um novo desafio, como espectadora de minhas próprias atitudes, constato o quanto sou levada a agir impulsionada apenas pela lógica, impulsionada por meus julgamentos de valor, sem levar em consideração o que estou sentindo e o que estão sentindo os que estão à minha volta, afetados pelo mesmo problema. Minha maneira de agir é compulsiva, um ato contínuo, como se fosse um robô cumprindo o que havia sido programado anteriormente. Atitudes politicamente corretas, que não vinham do coração. E meus sentimentos? A grande descoberta é que eles nunca eram considerados, pelo menos não da maneira como deveriam ser considerados. Simplesmente não me percebia. E, assim sendo, como perceber o outro? Como estar inteira numa relação afetiva, profissional, de vida?

Não por acaso este é um tempo rico de emoções. Tão logo Marcelo ganha a liberdade, uma série de novos desafios me aguarda. Os conflitos pessoais, domésticos e familiares afloram na convivência diária. A situação agora é outra e precisamos fazer com que Marcelo se conscientize dos riscos em se expor. Como apoiá-lo e, ao mesmo tempo, impor-lhe limites? Precisamos, entre outras coisas, aprender a segurar a angústia e deixar que tome suas próprias decisões, mesmo que, muitas vezes, elas nos deixem, a mim e a meu marido, com o coração apertado. Como fazê-lo entender que precisa se afastar de algumas companhias, sem ser impositiva? E o medo de que se envolva novamente com as drogas e volte a ser preso? Essas e tantas outras questões são, em sua maior parte, trabalhadas nas sessões de terapia familiar, que muito suporte nos dão nessa fase.

Sinto que, para ajudar realmente meu filho, preciso antes vencer uma série de defesas que me impedem de chegar a ele de maneira diferente. Depois de tudo pelo que havia passado, certamente não se deixaria influenciar por meu costumeiro discurso racional. O amor por Marcelo, a percepção do quanto precisa de nós neste momento e o desejo de enxergar as coisas como realmente são, sem ilusões e sem julgamentos, é o que me move. Trago, assim, para as sessões com Silvana, os nós desta relação que busco desfazer.

As inúmeras dificuldades que começam a surgir são trabalhadas uma a uma e, com o tempo, revelam-se uma fonte de grande aprendizado. São as evidências que me levam a perceber o quanto a falta de afeto na infância me tornou uma pessoa dura e inflexível. Mais uma vez, a auto-observação é o caminho que encontro para descobrir o que havia de errado em meu movimento.

A falta de confiança na vida e nos mecanismos do Universo me levou a adotar, no passado, uma atitude controladora. Agindo assim, me sentia segura e superior. E, por incrível que pareça, este esquema funcionou por muitos anos, dando-me a falsa sensação de que estava no caminho certo. Foi assim que planejei minha vida, até pouco tempo atrás. O casamento, os filhos, os empregos e todas as demais situações de meu cotidiano.

A qualquer contrariedade me fechava como uma ostra, afastando-me de pessoas e situações que, hoje sei, poderiam ter me ajudado muito em termos de crescimento pessoal. Mantinha-me em uma postura distante, com se estivesse em um pedestal, superior aos que me cercavam. Estava sempre pronta para julgar e condenar, esquecendo-me de que somos passíveis de cometer erros. Como se eu própria não os cometesse todo dia e a toda hora – um ser humano como outro qualquer.

Agora não quero mais ser juíza de ninguém e muito menos de mim mesma. Compreendo as razões que me haviam levado a agir de maneira dura com os outros e, principalmente, comigo mesma. Quero mudar. Preciso mudar. Preciso vencer minhas próprias limitações para ajudar meu filho a dar a volta por cima. Nesse movimento, deixo vir à tona a mãe que fui e que busquei ser. Isto me permite descobrir a visão distorcida que tinha em relação a uma série de valores que passo a rever.

> "*A verdade interior é a semente que brota quando nós temos a coragem de plantar na alma aqueles sentimentos que acusam uma direção diferente e que nos dão coragem de tirar o poder que demos à mentira, à falsidade, às aparências.*"
>
> Clarisse Pinkola Estées – *Mulheres que Correm com os Lobos* – Editora Rocco – p. 188.

Por que razão assumi sozinha a responsabilidade pela educação de meus filhos? Assim como meu marido, trabalhava em uma multinacional, em regime de horário integral, sem nenhuma espécie de regalia que me permitisse estar mais tempo com eles. Porém, se passavam mal à noite, principalmente Marcelo, que nos primeiros anos tinha crises freqüentes de amigdalite, era eu que acordava e ficava com ele. No dia seguinte, como se nada tivesse acontecido, estava pronta para mais um dia de trabalho. Por que não pedi a participação paterna, por que não briguei por ela? O que me levou a achar que cabia somente a mim a tarefa de sair com eles nos fins de semana, de levá-los ao pediatra, às festas infantis? Por que me deleguei esta suposta auto-suficiência? Quantos problemas futuros teria evitado se tivesse adotado uma postura diferente, se tivesse me conscientizado de que aquele papel não cabia somente a mim, apesar de a sociedade ainda nos cobrar tanto. Em primeiro lugar, não ficaria tão cansada à noite e teria mais disposição para estar com meus filhos, contar-lhes histórias infantis, deitar com eles na cama, sem cair no sono primeiro. Além do mais, teria feito com que meu marido assumisse sua responsabilidade de pai, não sendo apenas o provedor, a figura distante, que não participa e não se envolve nas pequenas questões cotidianas de uma estrutura familiar. Se assim tivesse agido, teria ajudado também a ele, trazendo-o para junto de nós, fazendo com que percebesse o quanto sua presença nos era importante e necessária. Teria evitado o distanciamento que se criou entre os filhos e ele e o ressentimento que trazia dentro de meu peito por sua falta de participação e que, muitas vezes, eu projetava em nossa relação de par, tornando-a menos do que poderia ser.

Olhando para trás, à luz da experiência passada, parece simples. Constatar o erro é fácil. Difícil é mudar. Difícil é perceber o que me levou a agir de uma determinada maneira, buscar romper com os conceitos e com os valores que atravancaram o caminho de uma vivência familiar mais plena e mais feliz. Muitas vezes, nessa nova fase da terapia, meu sentimento é o de que não vou conseguir. A estrutura familiar calcada em bases distorcidas já está tão solidamente edificada, que parece impossível desfazê-la. Então, por que insisto em prosseguir? Antes de tudo porque, a cada dia que passa, percebo mais claramente minha parcela de responsabilidade em tudo que vem me acontecendo. É claro que meu marido foi omisso em seu papel de pai, como tantos homens infelizmente ainda o são nos dias de hoje. Acusá-lo, contudo, de nada adiantaria. As sessões de terapia familiar certamente o estavam levando a compreender onde também havia falhado. Ele, assim como eu, adotara posturas herdadas. Porém, se eu não tivesse dado permissão para que agisse assim, provavelmente o resultado teria sido diferente. Além do mais, como exigir que mude, se eu própria não me proponho a fazê-lo? Não quero mais voltar a cometer os mesmos erros. Não quero mais dar continuidade a um círculo vicioso de situações que se repetem. Não quero mais fazer uso de valores e conceitos herdados, valores estes que não são meus. E quais são meus verdadeiros valores? Além de todo o aprendizado que vinha adquirindo nos últimos meses, o processo de Marcelo deflagra em mim várias novas questões.

Por esses tempos, em uma das sessões com Silvana, surge a oportunidade de colocar meus dois *insights*, de contar como foi que eles aconteceram e como influenciaram minha decisão de não mais voltar ao mercado de trabalho. Coloco ainda para ela a série de coincidências após o primeiro *insight*: a data e o conteúdo do mapa astrológico, o convite para a entrevista com Barbosa Lima Sobrinho, as conclusões a que cheguei após este memorável encontro, o curso na Estação das Letras e o retorno obtido de alunos e professores.

Após vários meses de terapia é a primeira vez que consigo me posicionar em termos pessoais, falando do desejo antigo pela realização profissional. A descoberta, em um livro, da possibilidade de possuir um dom. Seria isso verdadeiro? E se assim fosse, que dom teria eu? Estaria o livro enganado em sua afirmação? Seria possível não ter dom nenhum? Estes questionamentos afluem aos borbotões, com intensidade. De certa forma haviam estado presentes o tempo todo, apenas não houvera espaço para que se manifestassem. Não fora esta a prioridade que me fizera ali chegar.

Silvana me questiona sobre possíveis habilidades. Aproveito para falar do hábito de escrever. Do quanto sempre fui elogiada pelas amigas e colegas de trabalho quando lhes escrevia alguma coisa. O tempo da sessão termina. Ficamos de retornar a esse assunto no encontro seguinte. Despeço-me com a recomendação para que encontre uma maneira de dar continuidade a esta aparente habilidade.

A sugestão de Silvana me incomoda. Não quero voltar a um curso como o que já havia feito anteriormente, apesar de muito bom. Minha intuição me diz que não é este o caminho. Na sessão seguinte, uma estranha coincidência. Inúmeras vezes troco o nome de Silvana pelo de Claudia, minha professora de filosofia. Silvana me chama a atenção para este fato e me sinaliza para que busque entrar em contato com Claudia. Doutoranda em Filosofia, com vários artigos escritos e alguns publicados, talvez pudesse me orientar sobre como desenvolver minha escrita. Esta simples sugestão me cai como uma luva. Como não pensara nisso antes? De repente, começa a fazer ainda mais sentido para mim o fato de ter aceitado o convite para participar das aulas de filosofia.

Em minha ligação para Claudia encontro uma receptividade inesperada. Marcamos de nos ver na próxima semana, na clínica de Alberto, uma hora antes da aula de filosofia. A sala de Celina estaria vazia e, com o seu consentimento, poderíamos utilizá-la sem maiores problemas. Um espaço para conversarmos melhor.

Após quase dois anos de convivência semanal, esta é a primeira oportunidade que encontro para falar um pouco de mim mesma, do que venho buscando. Claudia me ouve com atenção e demonstra um vivo interesse por meu projeto. Faz-me algumas perguntas objetivas, mas a estas me recuso a responder. Não quero mais me deixar levar somente pela lógica, buscando antever o futuro. Sempre agira assim e a estrada percorrida não me levara a lugar algum, muito ao contrário. Queria seguir minha intuição, o que vinha sentindo que precisava ser feito: escrever o meu livro. Precisava ao menos me dar a oportunidade de tentar, de buscar um novo modo de caminhar.

Em vez de indicar algo ou alguém, Claudia propõe que venhamos a trabalhar juntas. No encontro seguinte, me traz, por escrito, o esboço das etapas de um projeto e a definição de cada uma delas. Meu sentimento é de espanto. Não falo, mas penso: ela está me levando a sério. É assim que começo a dar os primeiros passos na concretização de meus dois *insights*.

O fim de ano se aproxima e me sinto especialmente feliz. Há muito que celebrar. Minha família estaria toda reunida outra vez nas festas natalinas. Poderíamos comemorar esta data tão importante em paz e harmonia, como sempre havíamos feito. Marcelo está bem. No início do segundo semestre, retornou à Faculdade e voltou a trabalhar, demonstrando ter amadurecido e aprendido com a dura experiência por que havia passado. Os meses anteriores haviam sido difíceis, mas os obstáculos haviam sido superados. Além do mais, me sinto revigorada, possuída de uma vitalidade nunca antes experimentada. O fato de Claudia ter acreditado em mim, em meus dois *insights*, é um alento tão forte e tão significativo, que me sinto com muita energia. É a força que preciso para dar início à concretização de meu sonho antigo.

Capítulo 9

*"Agarra-te aos sonhos,
porque se os sonhos morrem, a vida
se converte num pássaro de asas
quebradas que deixa de voar."*

Lagston Hughes

Primeiras Páginas

Papel e lápis na mão. Que tortura! Meus pensamentos estão desordenados, descontrolados. Não sei como escrever. Tento mais um pouco para, logo em seguida, sentar-me em frente ao computador. Pego o início de um trecho que já havia escrito e busco prosseguir a partir dali, mas não consigo. As horas passam, sinto-me cansada. Não quero parar, mas percebo que insistir não vai me levar a lugar nenhum. Antes de dormir rezo e peço a Deus uma luz, uma orientação. A sensação que tenho é a de que preciso parir um filho. Ele está pronto para nascer, mas algo ou alguma coisa está impedindo que venha ao mundo. Uma rápida olhada para o relógio à minha frente indica que é meia-noite e quarenta e cinco. Pego no sono. Às duas e meia acordo e vou ao banheiro. O pensamento, como se os ponteiros do relógio não tivessem se movido, está lá, no ponto de partida, buscando o que escrever. Um formigamento no ombro esquerdo me incomoda. Penso em marcar uma consulta com a Dermatologista. Alguns meses atrás, estava passando alguns dias no apartamento de minha sogra, que se encontrava vazio, quando o senti pela primeira vez. Julguei ser uma reação alérgica. Afinal de contas aquela casa, há algum tempo, só era utilizada pelos pais de meu marido nas férias e, esporadicamente, em um ou outro feriado. A poeira devia ter-se instalado no branco das paredes, nos espaços entre as tábuas corridas do chão. Porém, da mesma forma que começou, acabou. Cheguei a supor, inclusive, que fora fruto do estresse por que vinha passando. Uma obra, na cobertura do prédio onde morava, havia provocado uma infiltração de sérias proporções em meu apartamento, a ponto de não podermos continuar morando lá, tamanho era o cheiro de mofo que se sentia no ar. A sala e os quartos foram afetados de tal maneira que as paredes precisaram ficar apenas no tijolo. Sem experiência com obras, supus que em questão de um mês estaria de volta. No entanto, o buraco deixado no teto da cobertura fazia, a cada nova chuva, estragos maiores na rotina de quem morava embaixo: no caso, minha família e eu. Além disso, realizar uma reforma com dinheiro próprio é uma coisa. Depender do dinheiro alheio é outra, completamente diferente. Estava difícil fazer o proprietário da cobertura entender a extensão do prejuízo causado. Pensei ser este o motivo da alergia, mas agora, já devidamente instalada em meu apartamento, com todas as pendências resolvidas, ela volta a incomodar. Não me lembro exatamente de quando comecei a senti-la outra vez, mas penso ter sido na mesma época em que decidi voltar a escrever. Procuro dormir, mas não consigo. Acendo a luz e busco aliviar o desconforto no braço passando um chumaço de algodão embebido em leite de rosas. Enquanto não melhoro, decido voltar a escrever.

É estranho o que vem acontecendo comigo. Ontem, dia 4 de janeiro de 2002, fui pega de surpresa quando Claudia comentou que não poderia continuar trabalhando comigo. Havíamos combinado, um pouco antes das festas natalinas, reiniciar nossos encontros na primeira sexta-feira do ano. Após uma ligação, marcamos de nos encontrar na Faculdade Estácio de Sá, em Copacabana.

Um ano inteiro pela frente. Apesar do forte calor dirijo-me, entusiasmada, ao compromisso com Claudia. Estou ansiosa para mostrar o que havia escrito e para ouvir seus comentários. Porém, quando mal trocamos algumas palavras, o telefone toca. Reiniciamos nossa conversa onde havíamos parado e, novamente, somos interrompidas por outra ligação. Ponho-me a rabiscar um papel enquanto aguardo que termine, mas não conseguimos dar continuidade à nossa conversa. O telefone toca sem parar. Num determinado momento, num gesto de desalento, Claudia coloca as duas mãos sobre os olhos e, afastando-as em direção à testa e aos cabelos, me diz que, infelizmente, não tem condições de continuar me orientando. O compromisso assumido com as aulas de filosofia e a coordenação desta disciplina na Faculdade a ocupam de maneira tão intensa que não lhe sobra tempo para mais nada.

Claudia parece estar se sentindo mal por não poder continuar trabalhando comigo. Tento ajudá-la a relaxar, comentando ser este apenas um acidente de percurso. Um dos tantos que, pressentia, encontraria neste novo caminhar. Não são meras palavras ditas apenas com o intuito de tranqüilizá-la. Este, realmente, é meu sentimento. Por alguma razão, um desvio de percurso estava se fazendo necessário. Então, por que não aceitá-lo, sem opor resistência? Atenta, consciente de que absolutamente nada acontece por acaso, aguardo a ligação de Claudia para uma amiga que, talvez, pudesse dar continuidade ao trabalho que vínhamos realizando juntas. Após conversarem alguns minutos, Rosane – este é o seu nome – pede para falar comigo ao telefone. Enquanto conversamos, pergunta se não quero me encontrar com ela. Aceito a proposta e, minutos depois, me despeço de Claudia.

Assim que Rosane abre a porta de seu apartamento, no Leblon, reconheço-a. Há algum tempo atrás, como convidada, participara de uma de nossas aulas de filosofia, na Clínica de Alberto. Pede desculpas pela bagunça e me convida a entrar. O espaço é pequeno, mas cheio de vida. Uma rede na varanda, de imediato, chama minha atenção. Fico me imaginando olhando o céu e as estrelas em uma noite de lua cheia, enquanto me deixo embalar por uma música suave que invade o minúsculo espaço, perdida em pensamentos diversos. Após este breve devaneio repouso meu olhar no sofá-cama, no computador e na estante repleta de livros. Eles parecem estar em todo lugar: no revisteiro, em cima da mesa, num outro canto qualquer. Não sei o que mais me atrai nesse ambiente: a rede, os livros ou o cheiro gostoso de bolo caseiro que se espalha no ar.

Nosso encontro dura aproximadamente três horas. Jornalista e roteirista, ela me mostra alguns artigos de sua autoria enquanto se dispõe a ler o que eu havia escrito. Rapidamente, devora as mais ou menos vinte e cinco páginas. Penso comigo mesma que talvez tenha feito um curso de leitura dinâmica. Finalmente, sua decisão. Aceita trabalhar comigo nas mesmas condições acertadas anteriormente com Claudia. Marcamos de nos encontrar na sexta-feira seguinte, às oito horas. Penso em minha caminhada matinal. Teria que abrir mão dela. Mas, certamente, seria por uma causa justa.

Faço pensativa o caminho de volta para casa. Sintome confusa. Várias foram as observações de Rosane após a leitura de meus escritos. A maioria delas pertinentes. Então, o que me incomoda tanto a ponto de querer escrever sem parar, compulsivamente, madrugada adentro?

A insistência rende seus frutos. Talvez seja esta a razão pela qual muitos artistas prefiram a calada da noite para se exercitar em sua arte. Parece realmente o melhor horário. O telefone está mudo, ninguém nos chama nem fala conosco. O silêncio parece atuar como parceiro, cúmplice no ato de parir, de trazer ao mundo o que temos a dizer. São quatro e meia da manhã. Somente agora me atrevo a olhar para o relógio. Não quero parar. Temo perder a inspiração e voltar ao ponto de partida, ou seja, não saber o que escrever. Que estranha compulsão! Jamais a senti antes. Uma pontada forte no ombro esquerdo chama novamente minha atenção. A alergia que havia melhorado voltava a incomodar. Algo me diz que nada mais é do que o fruto de meu estado emocional, da ansiedade em que me encontro. O que meu corpo estaria querendo expressar com aquela desagradável comichão nos ombros?

O cansaço começa a se fazer presente outra vez. Minha vontade é de continuar sem parar. Escrever, me expressar, até conseguir colocar para fora estes dez anos de descobertas. É este o meu objetivo: compartilhar. Não posso guardar só para mim a profunda fé que venho adquirindo na vida, nas forças da natureza e, principalmente, em Deus. Constato o quanto ele vem se fazendo presente. Ao me deitar, sentia-me confusa, com a cabeça cheia, fruto das horas passadas com Rosane e de nossas conversas. Pedi uma luz e em questão de poucas horas ela veio. Estou encostada em minha cama escrevendo. Achei o fio da meada. Vou começar tudo de novo. Caso um acidente de percurso me leve a refazer novamente meus escritos, volto, uma vez mais, ao ponto de partida. Não tenho pressa. A maneira como as coisas vêm acontecendo me fortalece.

Não estou sozinha. Apenas me deixo conduzir por aquela que é a maior de todas as minhas descobertas: Deus. Encontrá-lo foi o maior presente que a vida poderia ter me dado. Preciso falar, gritar ao mundo as alegrias pessoais que venho obtendo desde que me propus a descobrir o divino que habita dentro de mim, ouvindo meu coração, respeitando meus verdadeiros sentimentos.

> *"Você só pode contar para sempre com você mesmo. Não tenha medo de se responsabilizar por você mesmo. Dentro de você há o poder dado por Deus. E quando não estiver enxergando soluções, não peça para Deus resolver, mas sim para ele mostrar o caminho, para ele fazer ver. E Deus mostra, desde que, quando você pedir, esteja pronto para escutar."*
>
> Luiz Gasparetto – *Calunga fique com a luz...* – p. 57.

> *"Cada um de nós carrega em si um deus dormente que pede para ser acordado. Esse é o caminho para ganhar uma vida mais plena."*
>
> Nuno Cobra – *A Semente da Vitória* – Editora Senac – p.. 157.

Durmo durante algumas poucas horas. É sábado. Verão. Um lindo dia de sol no meu Rio de Janeiro. Sou carioca da gema. Nasci e me criei aqui. A praia sempre fez parte de minha vida, e nem por isso consigo abrir mão dela. A vontade de escrever é grande, mas decido fazer uma pausa e ir verificar a cor do mar e o tamanho das ondas. É incrível o amor que tenho por esta cidade. Julgo-me uma privilegiada. Sempre que me ponho a caminhar pela Lagoa Rodrigo de Freitas e me deito nas areias da praia de Ipanema, agradeço a Deus por essa possibilidade. Não existe problema que não deixe de lado ao contemplar as águas mansas do Arpoador, as mães junto a seus filhos, o pôr-do-sol. É tanta beleza junta, que é verdadeiramente impossível não se deslumbrar.

O calor lá fora, de quase 40 graus, me leva a tomar um banho antes de sair. Enquanto a água escorre por meu corpo, trazendo uma momentânea sensação de bem-estar, os pensamentos começam a fluir. O que vinha me incomodando principia a tomar corpo. São acontecimentos marcantes de minha vida, que pensava omitir em minha escrita. Talvez por isso Rosane tenha questionado se eu não estaria me poupando. É verdade. Um arrepio me percorre o corpo. Sei agora o caminho a seguir.

Capítulo 10

"O homem nada mais é
do que aquilo que ele
faz de si mesmo."

Jean Paul Sartre

Valores

Meu trabalho com Rosane, apesar de intenso, não chega a durar quatro meses. A cada semana aprendo um pouco mais sobre a arte de escrever e recebo uma série de informações que me são muito úteis. Quando surge a necessidade de interrompermos nosso contato semanal, ao contrário da reação com Claudia, sinto-me perdida, apesar de já vir pressentindo que isso aconteceria a qualquer momento.

Um misto de emoções toma posse de mim. Ao mesmo tempo em que me sinto abandonada, como alguém que sai de casa com uma trouxa na mão sem saber que direção seguir, alguma coisa me diz, bem lá no fundo, que foi melhor assim. Por algum tempo o medo de prosseguir sozinha me paralisa e confunde. Mas, aos poucos, um sentimento maior vence minha resistência. Não posso deixar de lado algo que vinha se revelando de extrema importância para mim. Meu coração dói só de pensar nessa possibilidade. Nunca antes me senti tão plena como nesses poucos meses em que, apesar de todas as dificuldades, vinha me exercitando na arte de trazer para o papel minha trajetória de vida. É a recordação deste sentimento que me leva a reagir após alguns dias de profundo desânimo.

As bases haviam sido lançadas. Precisava, agora, aprender a caminhar com as próprias pernas. Sentir nascer, dentro de mim, a necessidade de ficar sozinha com meu livro. Assumir um compromisso comigo mesma, com a vontade de me expressar. A breve experiência com Claudia e Rosane fora forte o suficiente para me trazer a certeza de que este era o caminho a ser perseguido.

Os livros, meus eternos companheiros, são uma força adicional. Neles encontro, das mais diversas formas, sinalizações preciosas me indicando o caminho que ainda sinto dificuldades em seguir.

> "*É tudo muito simples, para viver no Bem. É tomar atitudes vindas do coração, que atendam às suas necessidades de ser feliz. É não pensar no outro, no que as pessoas vão dizer.*"
>
> Luiz Gasparretto – *Calunga fique com a luz...* – p. 42.

O ato de escrever me dá propriedade e me faz sentir uma alegria verdadeira, nunca antes experimentada. É como se, ao fazê-lo, resgatasse uma parte de mim que ficou soterrada, por muitos e muitos anos, nas profundezas de meu ser, no fundo de minha alma. É algo tão forte e poderoso que me leva a perder a noção das horas. Se pudesse, faria o tempo parar. Que diferença quando, há poucos anos, me sentia prisioneira entre as paredes de um escritório, contando os minutos para que o dia de trabalho terminasse. Naquela época meu sentimento era de morte. Trabalhar era um condicionamento, um ato mecânico que realizava com o intuito de ganhar um salário ao final do mês. Além do mais, não saberia o que fazer com meu tempo, com minha vida. O trabalho, de certa forma, ocupava espaços que não saberia como preencher, considerando que jamais me agradou a perspectiva de me dedicar única e exclusivamente aos cuidados de uma casa e de uma família.

Estas recordações me levam de volta àquele tempo, mais especificamente, aos tempos em que trabalhei na Xerox do Brasil S.A. Acabara de ter meu segundo e último filho. A recente descoberta da retinose pigmentar bilateral me impedia de vir a ter mais filhos, um terceiro como desejava, sob o risco de perder o pouco de visão que ainda me restava. Sem possuir uma dimensão exata da deficiência visual que passaria a permear meus passos a partir de então, aos 30 anos, com uma estrutura familiar bem administrada, me julgo pronta para investir profissionalmente.

Após um dia inteiro em uma dinâmica de grupo, a Xerox passa a ser meu mais recente sonho de consumo. Porém, chego a perder as esperanças de entrar para essa empresa quando sou informada pelo Departamento de Recrutamento e Seleção que, na dúvida entre nós duas, outra candidata havia sido selecionada. Uma forte concorrente, sem dúvida. Mas uma concorrente que já se encontrava empregada e feliz com seu emprego. Candidatara-se à vaga porque desejava ganhar mais. Esta informação me deixa tão angustiada que decido telefonar para a minha mãe. Falo da ligação que havia acabado de receber e da minha enorme vontade de obter aquele emprego.

Era o dia 13 de maio, dia de Nossa Senhora de Fátima. Após me ouvir com atenção, minha mãe, que era católica fervorosa, me fornece a informação que viria se revelar preciosa e me recomenda uma prece à santa. Como se fosse hoje, me lembro bem do que fiz a seguir. Fui para o banheiro e me ajoelhei no chão. Rezei com fervor. Não me limitei, contudo, a rezar e pedir. Fui além. Queria tanto aquela oportunidade de emprego que decidi não dar margens à santa de não me ouvir. Implorei a ela que minha concorrente desistisse da vaga. Que seus patrões, ao tomarem conhecimento de sua intenção de deixar a empresa, reconhecessem seu valor e bancassem a proposta da Xerox. Com isso, ninguém sairia lesado, ambas as partes ficariam felizes. Horas depois, recebo uma nova ligação do Departamento de Recrutamento e Seleção: me perguntam se ainda estou interessada na posição. Minha alegria é tão grande que nem mesmo consigo disfarçar. *É claro que ainda estou interessada.* Interessadíssima, por sinal, como podem constatar do outro lado da linha. Passado o impacto inicial, antes de desligar o telefone, faço questão de saber o que havia acontecido com a outra candidata. Desistira da vaga, me informam. Seus patrões decidiram aumentar seu salário, equiparando-o ao da Xerox. Uma mera coincidência para alguns. Um verdadeiro milagre para mim. Sem termos feito qualquer tipo de contato anteriormente, a santa e eu, mesmo sendo uma estranha para ela, me ouvira, me dera atenção e, principalmente, atendera a meus pedidos. Exatamente do jeito que havia formulado, sem tirar nem pôr. A partir deste dia, torno-me devota incondicional de Nossa Senhora de Fátima.

O cargo de secretária bilíngüe é meu. Com ele, abro mão de vez da profissão de economista. De certa forma já havia feito esta opção quando desisti, anos atrás, do mestrado em Economia. Compreendi, àquela época, que me estender mais no estudo de algo que não me entusiasmava seria um tempo adicional perdido a se somar aos quatro anos de faculdade. Se já estava sendo difícil abrir mão da graduação para voltar a atuar como secretária, imagina como seria com um mestrado nas costas?

Com a consciência em paz e muita disposição, começo a trabalhar na Xerox do Brasil S.A. Oito meses depois, sou promovida e transferida, como desejava, para o "Olimpo", forma jocosa como os outros funcionários da empresa se referiam à Diretoria. Um mundo à parte, com uma série de regalias. Entretanto, passada a euforia inicial pela conquista e algumas promoções à frente, descubro que pertencer a este seleto grupo de secretárias não me traz a satisfação que esperava encontrar. Passo, então, a observar o comportamento de minhas colegas de trabalho. Aparentemente estão felizes nesse ambiente, seguras de suas funções, com objetivos a alcançar. Por que não consigo ser e agir como elas?, começo a me perguntar. O que mais desejo? Secretariar a Presidência? Isso seria simplesmente o máximo para algumas, um sonho acalentado por outras. Mas e para mim, significaria algo além do *status* e das mordomias adicionais? Sei de antemão que não. É uma responsabilidade maior a um preço que não estou disposta a pagar: dedicação e horas, preciosas horas a mais a serem trabalhadas. Esta simples constatação traz angústia e novos questionamentos. Se gosto da empresa, por que me sinto sem horizontes no lugar que tanto quis conquistar? Por que, a exemplo de minhas colegas de trabalho, não me proponho a investir um pouco mais de meu tempo na ascensão profissional? Não foi com este objetivo que entrei para a empresa? As perguntas, sem respostas, são o primeiro sintoma real de que meu sistema de crenças está começando a falir.

Por essa época uma inquietação, cuja origem não sei identificar, passa a me incomodar com bastante freqüência. Sem saber o que fazer com o desconforto que vinha sentindo, decido ignorá-lo. Decido jogá-lo para o fundo de minha alma. Ordeno que fique quieto. A agenda cheia de compromissos – vida profissional, casa, marido e dois filhos ainda pequenos – serve de desculpa para abafar a voz que quer se fazer ouvir. Preciso seguir em frente. Afinal de contas, sou uma mulher contemporânea, em dia com os mandamentos desses novos tempos que nos dizem que podemos tudo. Sinto um certo prazer nesta constatação. Ela me dá a sensação de estar cumprindo, à risca, exigências que me foram feitas. Por outro lado, os questionamentos não me dão trégua. Eles vêm e vão sem que me aprofunde neles. Questionar-me para quê, se não encontro respostas para minhas perguntas?

"Parar e pensar nos dá angústia. No entanto é essa capacidade de refletir ou de simplesmente aquietar-se para sentir, que faz de nós algo mais do que cabides de roupas ou de idéias alheias que nada têm a ver conosco."

Lya Luft – *Histórias do Tempo* – Editora Mandarim – p. 106.

Quanto tempo demorei para despertar? Minha impressão, às vezes, é a de que fui lenta demais. A verdade, porém, é que dormia um sono profundo. Entre o sentimento inicial de insatisfação e o primeiro passo na busca do autoconhecimento passaram-se anos. Minha resistência em mudar era muito grande. A experiência, contudo, vem me fazendo compreender que cada ser humano tem seu tempo. Não adianta correr e apressar os ponteiros do relógio interno que cada um de nós traz dentro de si. O processo de transformação é lento, mas sábio. Como na natureza, há um tempo certo para plantar e outro para colher.

Não importa em que estágio da vida se esteja. O simples ato de se disponibilizar para o novo, para perceber, para vislumbrar que existem possibilidades e a coragem para arriscar é o que nos torna vivos e plenos no momento presente. E é exatamente assim que me sinto quando estou escrevendo. A energia flui e o entusiasmo me mobiliza inteiramente. Eu própria chego a me surpreender algumas vezes com a dedicação, com o empenho, com a vontade de acertar, de conseguir escrever com a minha alma, com o meu sangue.

Escrevo e reescrevo inúmeras vezes. Mexo, remexo e não fica bom. Até que, de repente, dá certo. Aí é uma alegria só. Um sentimento doce que alimenta. Uma maravilhosa e indescritível sensação de dever cumprido. É como se tivesse dado conta de algo que precisava ser feito. E, quando isto acontece, parece que tudo à minha volta se transforma, adquirindo um brilho diferente. É carnaval. É puro êxtase.

Minha vontade é de escrever sem parar. É descobrir uma maneira de colocar no papel o quanto vale a pena investir na busca do autoconhecimento. Não importa o caminho para se chegar a ele. O que conta é o compromisso em obter respostas para perguntas que, muito cedo, deixamos de nos fazer. Quem somos? O que queremos? Estamos felizes com nossas vidas? O que nos falta?

Produzir era o que me faltava. No passado, trabalhava o dia inteiro, mas não me sentia produtiva. Agora, apesar de não ocupar mais espaço dentro de uma grande empresa, com carga horária e salário ao final do mês, encontro na escrita um sentido maior para minha vida. O que mudou de lá para cá? Meus valores.

Cresci sentindo as dificuldades que meus pais enfrentavam, ao final de cada mês, para arcar com seus compromissos financeiros e, nesse contexto, a busca pela expressão, pela arte de criar, nunca encontrou espaço. Adquiri, ao contrário, a percepção da importância do trabalho, da não-dependência econômica. Minha mãe se lamentava, com muita freqüência, de ter abandonado sua futura profissão para seguir meu pai, que se mudou para o Rio de Janeiro, tão logo se casaram. Segundo ela, se tivesse persistido no curso de normalista, muito comum naquela época, poderia estar no magistério, dando aulas e não atrás do balcão de uma farmácia.

A árdua luta pela sobrevivência vivenciada na infância e na adolescência provavelmente não teria me marcado tanto se tivesse tido a oportunidade de usufruir uma convivência familiar prazerosa, plena de afeto e atenção. Quantas famílias conseguem superar suas dificuldades financeiras com amor, carinho e cumplicidade? E, nesse movimento, quantas propiciam a seus filhos um aprendizado diferente daquele que obtive?

Influenciada pelos valores e pelas distorções de meu contexto familiar, não soube buscar a realização profissional quando deveria tê-lo feito. Durante quase trinta anos trabalhei apenas com o intuito de não vir a depender de meu futuro marido, este sim, meu maior objetivo quando adolescente. Que mecanismos me fizeram abrir mão de algo tão importante como a realização profissional? Trabalhar visando apenas a um salário no final do mês. Não foi isso que busquei? Foi exatamente isso que consegui. E agora, o que mudou? Deixei de dar valor ao dinheiro? Não. Apenas mudei a maneira de valorizá-lo. Gosto de dinheiro e o julgo importante, sim. É uma energia que deve estar em circulação e que, se bem aproveitada, pode ser muito útil a quem a tem. Mas, hoje em dia, venho ganhando a percepção de que, ao contrário do que pensava, ele não é o mais importante. Serve para atender às necessidades da matéria, do corpo físico. E as necessidades da alma?

Muitas vezes somos forçados pelas circunstâncias a aceitar que a luta pela sobrevivência se sobreponha a nossos anseios mais profundos de realização. Nesse caso, como diria Alberto, meu querido terapeuta, "tome lo que hay" (faça o que precisa ser feito). No entanto, por julgar impossível, difícil, quantos de nós desistimos antes mesmo de tentar? Quantos são os que, tendo a oportunidade de descobrir sua verdadeira vocação, em vez de se tornarem bons profissionais acabam se perdendo no meio do caminho? Quantos outros que, visando apenas ao ganho financeiro, o sucesso e o poder, acabam prisioneiros de suas próprias ambições? E o que falar do momento atual, em que as pessoas parecem estar preocupadas apenas em aparecer? Onde estaria o papel transformador do indivíduo? Sua capacidade de contribuir para mudar o que não está bom ou o que poderia ser ainda melhor?

Considerando que nada trazemos conosco quando nascemos e nada levamos quando partimos, deveria o objetivo de uma vida estar focado apenas no acúmulo de bens materiais? Não é extremamente limitador pensar assim? Não é muito pouco acreditar que seja este o único objetivo de uma vida inteira?

Ainda quando estava finalizando este capítulo passei por uma experiência dolorosa. Um empréstimo feito a uma pessoa querida vinha me causando muito mal-estar nos últimos meses. Um duelo interno havia se instalado dentro de mim. Era visível que estava sendo enganada, mas me recusava a aceitar essa possibilidade. Várias foram as vezes que cheguei a ficar fisicamente debilitada por conta dessa situação. O sentimento de tristeza, de frustração manifestava-se em meu corpo físico. Não conseguia entender o comportamento do outro. Estaria agindo de má fé?, perguntava-me. Tinha certeza que não. Apenas se via em uma situação financeira difícil. Mas, infelizmente, não vinha sendo capaz de enfrentar o problema de frente. Preferia fugir, mentir, agir com total falta de consideração pelo outro que, quando precisou, estava ali para ajudar. E, por causa de dinheiro, corria o risco de perder um afeto verdadeiro. Quanto a mim, ficava me perguntando: existiria algo mais importante do que uma amizade? Pelo visto existe, sim. O dinheiro. Por ele e por causa dele, tudo parece se justificar nos dias de hoje.

A despeito do momento que vivemos, graças à descoberta da espiritualidade, venho adquirindo novos valores. A compreensão, a aceitação e, mais tarde, a convicção de que, muito mais que um corpo, sou um espírito têm me levado a atuar na vida de maneira diferente. Percebo que, enquanto busquei apenas a materialidade, encontrei o vazio e a insatisfação. Na medida em que fui me conscientizando de uma outra realidade, senti despertar em mim a vontade de buscar um novo caminho: o do crescimento pessoal; a possibilidade de me tornar um ser humano melhor e maior. Não com o objetivo de ganhar o reino dos céus, como preconizado pela maioria das religiões, mas porque, ao agir de acordo com o meu coração, com os meus sentimentos, venho conquistando o maior de todos os bens: a paz de espírito.

Meses atrás tive a oportunidade de encontrar uma antiga colega de trabalho, em um jantar promovido por uma amiga comum. Ao lhe revelar que vinha desenvolvendo um projeto pessoal, manifestou sua frustração por não ter, ela própria, um projeto de vida. Investira, nos últimos anos, em estudos que estavam se revelando frustrantes. Seu comentário desperta em mim um sinal de alerta. No passado, não havíamos tido a oportunidade de tocar neste tipo de assunto. Em geral, nos encontrávamos na mesa do almoço, no restaurante da empresa, cercadas de outras pessoas. E, como não poderia deixar de ser em um ambiente de trabalho, conversávamos, na maioria das vezes, sobre trivialidades do dia-a-dia. No entanto, neste breve encontro, a sensação de alguma coisa em comum.

Na saída, ao nos despedirmos, minha colega volta a mencionar meu projeto pessoal. Sinto nela meu antigo desejo e que, talvez, seja o desejo de inúmeras outras pessoas mundo afora: o desejo por sonhos e ideais que as mantenham vivas, que as façam acreditar que viver vale a pena apesar de todas as dificuldades que enfrentam em suas vidas diárias. O desejo pela realização de algo que as faça arriscar, algo que as faça se esforçar e se superar para conseguir.

O que nos leva a não acreditar em nós mesmos? A não buscar o que queremos? Segundo minha ex-colega de trabalho, há muito tempo não ouvia ninguém falar em projeto pessoal. Quantos faziam profissionalmente o que queriam?, me pergunta. Respondo com base no que venho observando nos últimos anos. Artistas e pessoas em quem passei a prestar atenção, justamente porque percebi neles alguma coisa mais que não encontrava na maioria das outras pessoas. Traziam todos, indistintamente, um brilho no olhar, uma alegria, uma energia e um entusiasmo pela vida que, sempre que tinha a oportunidade de ouvi-los falar ou atuar, me sentia contagiada. Ela se cala e, interrompidas por nossa amiga comum anunciando que o jantar estava sendo servido, mudamos de assunto.

Volto para casa com um estranho sentimento em meu coração. A noite havia sido agradável, o jantar saboroso, porém o que mais me afetou foi a percepção de que minha ex-colega de trabalho também era uma mulher em busca. Quem sabe das razões que a levaram a se desviar de seu caminho, a desistir de seus sonhos e ideais de vida? Que valores a tinham permeado até então? No dia seguinte, acordo sentindo vontade de falar com ela. Gostaria de poder lhe passar um pouco do que venho aprendendo, mas como fazê-lo sem me expor, sem expor o trabalho que venho realizando e que ainda mantenho em segredo para a maioria das pessoas? Além do mais, minha experiência é singular, poderia não servir para ela. Lembro-me, então, de um livro que havia lido algum tempo atrás e que me tinha sido muito útil. Quem sabe não poderia vir a ajudá-la de alguma maneira? É mágico o que uma boa leitura, na hora certa, pode fazer conosco.

Assim como eu, havia trabalhado muitos anos sem se identificar com o que fazia. Quantas outras pessoas agem assim? Não é um desperdício passar a maior parte de nossas vidas fazendo o que não se gosta? Convivendo com quem não se quer? Aturando o que não se deve? Sendo politicamente corretos? Não existiriam outras alternativas, outros caminhos neste universo tão rico de possibilidades?

Quantas vezes, durante o período em que trabalhei fora, me decepcionei com a postura de profissionais que se sujeitavam a situações humilhantes? Alguns deles eram brilhantes. Sempre que isso acontecia, ficava me perguntando que valores tinham essas pessoas para se deixarem subjugar, para se deixarem comprar como se fossem mercadorias à venda. O tempo da escravidão não havia acabado?

Infelizmente, parece que não. Ao contrário do que se preconizava tempos atrás, nunca se trabalhou tanto como agora. Hoje em dia é considerado "normal" o emprego no qual se tem hora para chegar, mas não se tem hora para sair.

Por que obrigar uma única pessoa a trabalhar de dez a doze horas diariamente? Esse trabalho não poderia ser dividido, diminuindo, com isso, os índices de desemprego? Redução de custos? Até posso aceitar em alguns casos específicos, mas não da maneira como vem acontecendo, de exploração da mão-de-obra que, sem outra alternativa, ainda se sente agradecida por ter um emprego. A que ponto chegamos? O homem sendo lobo do próprio homem, como pregava Hobbes. E a vida pessoal como é que fica? E o tempo para o lazer? Para a família? No caso da mulher, que tempo sobra para dar atenção aos filhos, à casa e ao marido? Que tempo sobra para ela própria? Não é à toa que muitas profissionais estão abrindo mão da maternidade e até mesmo da relação de par. Será que não se arrependerão de suas escolhas no futuro? Será que não estão se deixando manipular por um sistema de valores que entraria em crise se as pessoas se tornassem mais conscientes de si mesmas?

> *"Obedecer a um sistema de valores desprovido de vida provoca uma perda extrema de vínculo com a alma. Independente de quaisquer influências ou aflições com grupos, nosso desafio em defesa da alma e do nosso espírito criador consiste em não nos fundirmos com o coletivo."*
>
> Clarissa Pinkola Estés – *Mulheres que Correm com os Lobos* – Editora Rocco – p.287.

O desejo de facilitar a vida é normal. Mas e o preço que se paga? Será que vale a pena? No meu caso, em particular, a resposta é não. É frustrante constatar quão pouco valor dei à realização profissional, principalmente quando tenho a oportunidade de conviver com pessoas que investiram e continuam investindo em suas profissões, crescendo em potencial, em conhecimento. Verifico que não existem limitações para quem faz o que gosta, para quem sente prazer com o seu trabalho. Vibro com suas vitórias. São exemplos que hoje venho buscando seguir e passar para meus filhos.

Ao contrário do que me disseram alguns anos atrás, hoje tenho a mais absoluta convicção de que nunca é tarde demais para se iniciar absolutamente nada em nossas vidas. Quem determina seu prazo de validade? Quem delimita o tempo certo de cada coisa? Somos nós? Certamente que não. A única e absoluta certeza que possuímos é a de que, um dia, morreremos. Quando? Não nos cabe decidir. Então, por que nos limitamos? Por que, ainda cheios de vida e energia, decidimos que é tarde para se iniciar algo ou alguma coisa, tarde demais para recomeçar? Por que não paramos um minuto sequer para observar a mágica que existe num simples movimento? Num virar à esquerda quando nosso hábito é de seguir sempre pela direita? Por que o desconhecido nos amedronta tanto? Por que a maioria de nós insiste em fazer sempre tudo igual, sem reparar que, com isso, estamos apenas trazendo o tédio para nossas vidas?

Eu fui assim. Durante anos evitei situações, pessoas, qualquer coisa que significasse a mínima possibilidade de mudança. Minha primeira reação a cada novo convite, a cada nova oportunidade que surgia era invariavelmente um não. A razão? Uma profunda insegurança. Um medo enorme das pessoas. Um medo enorme de me expor, de ser ferida pelo outro. A menina no banco escolar no primeiro dia de aula. Lembram-se? O que me levou àquela atitude? O que me levou a adotá-la até há bem pouco tempo atrás? Acontecimentos passados que me marcaram, marcas que carreguei vida afora sem necessidade. Venho conseguindo me desfazer delas e, à proporção que o faço, caminho mais leve. Caminho mais solta.

Passei muitos meses duelando comigo mesma enquanto escrevia. A dúvida me atormentava. Ela queria me fazer crer que não chegaria a lugar nenhum com a minha escrita. O que tinha a dizer de tão importante? Por que as pessoas comprariam o meu livro? Quanto tempo ainda levaria para concluir minha obra? E as dificuldades com a publicação e a divulgação? Qual o retorno financeiro que esperava alcançar, se era de meu conhecimento que não se ganhava dinheiro escrevendo? Não era isso o que vinha ouvindo e lendo nas entrevistas com escritores já renomados? Então, por que insistia? Porque, ao contrário do que sempre havia feito, estava ouvindo meu coração, minha intuição e as inúmeras sinalizações que vinha recebendo desde o primeiro *insight*. Elas estavam, o tempo todo, me ajudando a não esmorecer, a vencer o medo de tentar.

Não é sempre, porém, que as respostas me vêm de imediato. Muitas vezes preciso permitir que surjam espontaneamente. É um aprendizado que exige paciência e perseverança. De vez em quando ainda me deparo com situações em que me deixo levar única e exclusivamente pela racionalidade, sem deixar espaço para entrar em contato com os sentimentos. Como já disse anteriormente, nunca se sabe o suficiente para não se errar novamente.

Continuo gostando do belo, do conforto, das facilidades e benefícios que o dinheiro pode proporcionar, mas hoje sei que o verdadeiro objetivo da vida não é acumular bens e riquezas e, sim, evoluir. E, no meu caso, penso que essa evolução passa pelo contato com meus verdadeiros sentimentos. Talvez por isso os dois *insights* tenham acontecido, me revelando que deveria escrever um livro. Como criar sem entrar em contato com os sentimentos? Buscar escrevê-lo e estar escrevendo-o agora é um marco de extrema significância em minha vida. Precisei e venho precisando vencer a mim mesma, meu senso prático, minha objetividade e uma série de valores que me permearam até há pouco tempo. Mas, à medida que avanço nesta nova estrada, venho tendo a maravilhosa e indescritível oportunidade de descobrir o que gosto de fazer. A oportunidade de expressar minha essência, de estar cumprindo com uma espécie de missão cósmica, que vem dando sentido à minha existência e me enchendo de prazer.

> *"Aprendi a caminhar; desde então, gosto de correr. Aprendi a voar; desde então, não preciso de que me empurrem, para sair do lugar. Agora estou leve; agora vôo."*
>
> Nietzsche, em *Assim Falou Zaratustra.*

As linhas acima foram escritas um pouco antes de mais um encontro filosófico. De repente me vem a consciência de que meu livro chegara ao fim. Não esperava que fosse acontecer dessa maneira, agora, nesse exato momento. Temia terminá-lo. Temia perder a satisfação que vinha sentindo com este trabalho. Mas, ao contrário do que pensara, meu sentimento é de profunda alegria. Uma paz e uma serenidade muito grande tomam conta de mim. No coração, a maravilhosa sensação de dever cumprido. No caminho para a aula de filosofia, me vem a vontade de participar ao grupo. À exceção de Claudia, ninguém mais sabe de meu projeto pessoal. Procurei mantê-lo em segredo esses anos todos. De certa forma, foi o jeito que encontrei de me proteger, de evitar comentários que poderiam vir a me prejudicar numa fase em que ainda estava cheia de dúvidas, sem nenhum tipo de certeza.

Falaria para o grupo o nome de meu livro? Diria do que se tratava? Deixo as perguntas de lado e me proponho a permitir que isso aconteça caso surja um espaço durante a aula. Ele acontece. Com serenidade, informo a meus colegas de filosofia que havia acabado de escrever meu primeiro livro. Não existe euforia, mas uma alegria muito grande. Uma alegria que vem de dentro e um profundo sentimento de realização. A recepção é calorosa. Isso me conforta. Porém, assim que menciono o título do livro, meu olhar busca o de Claudia. Afinal de contas este livro havia começado com ela. Por isso é importante para mim observar sua reação. O movimento da cabeça, o sorriso de aprovação e sua fala me dão a certeza que ainda me faltava: "muito legal".

Muito legal mesmo.

Para saber mais sobre nossos títulos e autores,
visite nosso site:
www.mauad.com.br

Este livro, da MAUAD Editora,
foi impresso em papel ofsete 75g,
na gráfica Sermograf